I0074623

* 9 7 8 0 6 9 2 1 4 4 8 6 2 *

مملكة الرؤية

بين مصارع الريعية والاستدامة

عبد الله السلوم

مملكة الرؤية: بين مصارع الريعية والاستدامة

مملكة الرؤية، عبدالله سالم عبدالله السلوم

ردمك: ٩٧٨-٠٠-٦٩٢-١٤٤٨٦-٢

ISBN 978-0-692-14486-2

9 780692 144862

ISBN: 978-0-692-14486-2

للحصول على نسخة من هذا الكتاب:

GO abdullah.com.kw/books

عبدالله السلوم

alsalloumabdul | contact@abdullah.com.kw | abdullah.com.kw

دولة الكويت

إلى المملكة العربية السعودية ..

شعبا، وحكومة ..

أهدي هذا العمل.

ما بين مصارع الريعية والاستدامة، ها هي سماء مملكة الرؤية تلوح في الأفق، لتبدو المملكة العربية السعودية في حقبة زمنية اختلف نمطها عن أنماط ما سبقها من حقب؛ حقبة مست قراراتها جميع الأطياف والطبقات والرتب، بدافع إصلاح يطال شتى الأصعدة، لا سيما الاقتصادي منها. حقبة لن ننتظر بها الغرب ليؤرخ تاريخ أحداثها وتغيراتها كما جرت العادة، إذ قد يشيد بها أو ينتقدها في حدود مصالحه الشخصية فحسب.

وما كان لي خلال السنتين السابقتين إلا أن أراجع رؤية ٢٠٣٠ وآلية تطبيقها عبر وسائل الإعلام بنشر المقالات، أو عبر وسائل التواصل الاجتماعي.

وها أنا اليوم في هذا العمل أجمع تلك المراجعات والآراء لأضمها وألخصها في كتاب واحد يكون بمثابة المرجع، واضعا بين يديك هذا الكتاب الاقتصادي الذي يستعرض دوافع إعلان رؤية المملكة ٢٠٣٠، ويناقش بشكل موضوعي واقتصادي أهم الأحداث والقرارات التي رافقت آلية التطبيق الحازمة لهذه الرؤية.

عبدالله
النعوم

* * *

مملكة الرؤية

بين مصارع الريعية والاستدامة

عبدالله السلوم

شاركنا برأيك على:

#مملكة_الرؤية

الفصل الأول

الريعية

نشهد في وقتنا الراهن حقبة زمنية مختلفة، لا تسير تبعا لنمطية وخطى ما سبقها من حقب، فقد اختلفت فيها المعايير على نحو ملحوظ، وتخلخلت بها الموازين لتصنع باختلافها هذا فارقا جليا. كان للحزم دور فاعل في هذه الحقبة منذ بداية انطلاقتها في يناير ٢٠١٥، على الصعيدين الداخلي والخارجي، ومن شتى الجوانب، لاسيما الجانب الاقتصادي. ولا شك من أن حزما مماثلا كهذا كان كفيلا في إحداث تباين واسع من ناحية الآراء المختلفة، تباين قد يدفع ببعض أصحاب هذه الآراء إلى الإشادة بمدى نضج ووعي متخذ قرار قد أخطأ في اتخاذ قرار اقتصادي إشادة تغفل عن هذا الخطأ، لسبب يعود إلى اتخاذ صاحب القرار قرارا آخر يعد صحيحا سياسيا، أو العكس بالعكس. وما كان لهذا التباين إلا أن يشكل غمامة معتمة تحول دون دقة رؤية ذوي الفقه البسيط في مجالي الاقتصاد والسياسة؛ مؤثرة بذلك على نظرتهم العامة في جميع نواحي حياتهم. وها أنا اليوم أقصد أولئك الناس، وأدلي بهذا المحتوى بنية تصحيح رؤيتهم، وإزالة تلك الغمامة؛ ليمتد أفق إبصارهم محققا الإيجابية المطلوبة التي يستفاد منها وتصب في صالح حزم وجب تقديره.

١-١: منطق ناتج الفائدة

لقد ثبت في الأذهان أن الاقتصاد والسياسة ما هما إلا جانبان متضاهيان، ووجهان لعملة واحدة تسعى جاهدة لخدمة كيان واحد، ألا وهو الدولة. وتساؤلنا هنا يكمن في أبعاد تلك المضاهاة

وتبعاتها، فما هي الدولة؟ وما هو كيانها إذا ما افتقرت للمقومات الاقتصادية؟ أليس الاقتصاد أقرب لأن يصبح الكيان نفسه؟ وبذلك، لن تكون السياسة بدورها مضاهية للاقتصاد أو شبيهة به، بقدر ما تعد أداة من أدواته.

إننا على يقين من أن لكل قرار آثارا وتبعات تنتج عنه، وقد تتوزع بين أن تكون سياسية أو اجتماعية أو دينية، إلى ما سوى ذلك. لكن، وبشكل حتمي ومحقق فإنه ستنتج عن هذا القرار آثار اقتصادية، نظرا لكون كيان الدولة يتمثل باقتصادها، فسواء أكان القرار سياسيا أم اجتماعيا فإن الأمر سيعود فيه إلى تحليل كل من التكاليف والفوائد، وبذلك تكون لهذا القرار قيمتان ناتجتان عن التغييرات الحاصلة في أي من المجالين؛ فالقيمة الأولى نعني بها الخسائر الاقتصادية، أما الثانية فهي الفوائد الاقتصادية. وبناء على هذا الأساس، فإن المنطق السليم يشيد بصحة القرار متى ما كانت الخسائر الاقتصادية أقل من الفوائد الاقتصادية.

فحري بالأفراد أن يمعنوا النظر، ويلزموا الإنصاف في حكمهم على القرارات بناء على ما يعود به القرار من عائد وفائدة على كيان الدولة؛ أي اقتصادها، وبصرف النظر عن التحيز لقرار ما لصحته ونضجه سياسيا أو اجتماعيا أو دينيا، والتغافل التام عن تأثيره الخاطئ اقتصاديا. أما تقدير العائد فيتم باحتساب قيمتين، وهما: الخسائر والفوائد الاقتصادية؛ فهناك قيمة

مباشرة من السهل إدراكها، وهناك أيضا قيمة غير مباشرة قد تتطلب البحث والتحري والدراسة.

"كيان الدولة هو اقتصادها، وبقية الجوانب تخدم هذا الكيان"

فالسياسة ما هي إلا جانب من جوانب الحياة الذي يحتويه كيان الدولة المتمثل باقتصادها، ومتى ما كانت آثار القرار السياسي تصب في صالح هذا الكيان يكون القرار حينها صائبا، والعكس بالعكس. ويكمن التساؤل هنا بالضبط فيما إذا كان القرار قرارا اقتصاديا يصب نفعه في الصالح السياسي. هذا الأمر الذي قد يتطلب معرفة عميقة وفطنة حاذق في كلا المجالين الاقتصادي والسياسي، بهدف وغرض تحديد الخسائر والفوائد الاقتصادية، لكي نتمكن من الإجابة عليه.

فعلى سبيل المثال لا الحصر، لننظر في قرار رفع نسبة ضريبة القيمة المضافة محليا بهدف التكفل في دعم سياسة دولة أخرى، إذ قد يكون هذا القرار قرارا صحيحا إذا ما كان لسياسة الدولة الأخرى دور في خدمة الاقتصاد المحلي فقط، أي أن قيمة الفوائد الاقتصادية لهذا القرار تفوق قيمة الخسائر. واحتساب هاتين القيمتين مبني على قيم أخرى أكثر تفصيلا وتعقيدا، فمن جانب الفوائد قد يكون لسياسة تلك الدولة الجديدة دور فاعل في إلغاء ضرائب جمركية على وارداتها من

الدولة متخذة القرار، الأمر الذي يحفز التصدير لتلك الدولة بسبب انخفاض كلفة التصدير إليها. وبالتالي، حقق الأمر زيادة في ناتج الصادرات الذي بدوره يسهم في رفع إجمالي الناتج المحلي. أما من جانب الخسائر، فقد يكون لارتفاع ضريبة القيمة المضافة دور في الاستهلاك المحلي، على نحو يؤثر سلبا، صانعا انخفاضا في إجمالي الناتج المحلي نفسه. فالقرار لا غبار عليه فقط في حين كان التأثير على إجمالي الناتج المحلي إيجابيا. أما متى ما كانت التبعات والمعطيات تشير إلى ما هو عكس ذلك، فيعد القرار حينها قرارا خاطئا، لأسباب عدة، منها: سوء دراسة أبعاد القرار، أو من أجل تحقيق هدف آخر، حينها يتحمل كيان الدولة – اقتصادها – عبء هذا الخطأ.

"معلومة واحدة كفيلة بإعدام منطقية قرار"

ها هو المنطق قد اتضح، فهو مبني على أساس راسخ وفقا للفوائد والخسائر الاقتصادية. وقد يرى البعض أن القرار السالف منطقي، في حين يراه البعض الآخر عكس ذلك تبعا لوجهات النظر المختلفة. ويعتمد الاختلاف الجوهري بين الرأي والرأي الآخر – إن سلمنا لهذا المنطق – على أن كلا منهما ليس إلا اجتهادا شخصيا، وهو اجتهاد ناتج من كل طرف على حدة بغرض تحديد آثار هذا القرار وقيم كل منها. فقرار مماثل لما تم ذكره، لا شك من أن ينتج عنه ارتفاع في نسبة خروج رؤوس الأموال الأجنبية من الدولة، تلك الأموال التي تم استثمارها

محليا من أجل استهلاك القدرة الشرائية العالية. هذا الارتفاع يتسبب كذلك في رفع نسبة البطالة، نتيجة لتأثيره على المنشآت التجارية متسببا بإغلاقها، وبالتالي فإنه يزيد من حدة الانخفاض في الاستهلاك، وبه يصبح تأثير القرار أكثر سلبية على إجمالي الناتج المحلي.

"تميز المنطق لقرار ما ينتج عن مدى التميز المتبع في تحديد قيم آثاره"

بذلك تصبح المعلومات ذات الصلة هي حجر الأساس لمنطق الفائدة، وافتقار هذا المنطق لأي منها قد يعدم منطقيته. لذلك، نلاحظ اعتماد رجال الاقتصاد على أصحاب الاختصاص من مختلف المجالات، فدور هؤلاء المختصين هو جمع المؤشرات التي قد تتأثر بهذه المجالات، وذلك من أجل استخراج تنبؤات تفيد بجدوى أي قرار يتم التخطيط لاتخاذه من عدمه.

كذلك فإنه من واجب أصحاب الاختصاص أن يأخذوا بعين الاعتبار مراعاة منطقية المعلومات ذات الصلة. وعلى سبيل المثال لا الحصر، فإنه يعد من الصحي اقتصاديا أن يصل الدين العام إلى ما نسبته ٣٠٪ من إجمالي الناتج المحلي. إن اعتبارنا لمدى صحة الوضع الاقتصادي هنا يجب أن يكون منبثقا من جانب الاستدانة في سبيل تحقيق النمو الاقتصادي، وليس من

أجل الزيادة في الاستهلاك فحسب. ويمكن تفصيل مؤشر إجمالي الناتج المحلي على هذا النحو:

$$ن = س + ص + جـ + (و - ي)$$

ن = إجمالي الناتج المحلي

س = الاستهلاك المحلي

ص = الاستثمار المحلي

جـ = المصروفات الحكومية

و = إجمالي الصادرات

ي = إجمالي الواردات

بالرغم من أن جميع العوامل السابقة – عدا الواردات – ترفع من مؤشر إجمالي الناتج المحلي، إلا أن بعضا منها قد لا يتسبب في رفعه بشكل مستدام اقتصاديا. ففي حال ارتفاع المؤشر نتيجة لوجود ارتفاع في المصروفات الحكومية أو الاستهلاك المحلي، فإنه ليس من المنطقي أن يتم رفع معدل الدين العام. أما إذا كان لارتفاع الدين العام دور فاعل في رفع إجمالي الصادرات، فهذا يعني أن الاقتصاد يسير في اتجاه نمو مستمر، الذي بدوره يسهم في رفع مؤشر إجمالي الناتج المحلي من خلال عامل إجمالي الصادرات.

١-٢: زاوية المجهر

الاقتصاد علم متشعب ومتعدد الفروع، ولكننا في هذا المحتوى سنسلط الضوء على فرعين من فروعه، ألا وهما الاقتصاد الجزئي والاقتصاد الكلي، إذ يعد كل علم منهما مختلفا على نحو ظاهر، فالاقتصاد الجزئي هو الفرع الذي يدرس سلوك الإنسان تجاه ندرة احتياجاته، أما الاقتصاد الكلي فهو الفرع الذي يدرس سلوك الاقتصاد الجزئي تجاه اقتصاد الدولة ككتلة واحدة. ولا شك من أن لكل منهما نظرياته الخاصة. والعلاقة بينهما تستوجب الممارسة نوعا ما، فمن البديهي حل إحدى مشكلات الاقتصاد الكلي بوساطة قرار يخضع لنظريات الاقتصاد الكلي، والأمر مماثل في الاقتصاد الجزئي. ولكن، هل من الممكن حل معضلة ما في الاقتصاد الكلي بوساطة قرار خاضع لنظريات تعتمد على الاقتصاد الجزئي؟ بالطبع لا، بالرغم من إمكانية حدوث العكس.

"حل قضايا الاقتصاد الجزئي يتم عن طريق آليات الجزئي أو الكلي أو بكليهما. أما قضايا الاقتصاد الكلي فيتم حلها وفقا لآليات الاقتصاد الكلي فقط."

إن لارتفاع الأسعار جراء وفرة المال دورا بارزا في التأثير على سلوك الإنسان تجاه الاستهلاك. ويعد هذا الأمر أمرا معنيا بالاقتصاد الجزئي، ويتمثل حله بتوسل نظريتين، أما الأولى فتتم ضمن آليات الاقتصاد الجزئي؛ وهي التقنين والحد من ارتفاع

الأسعار. وتأتي الثانية ضمن آليات الاقتصاد الكلي؛ وهي رفع معدل الفائدة على العملة، التي ينشأ عنها رفع معدل القدرة الشرائية للعملة جراء انخفاض كمية المعروض منها تحت ظل كمية الطلب الثابتة؛ الأمر الذي ينتج عنه انخفاض في الأسعار. وعلى الجانب الآخر، يبقى التساؤل معلقا حول إمكانية حل قضية ارتفاع معدل البطالة الخاضعة للاقتصاد الكلي من خلال آليات في الاقتصاد الجزئي، فهل يبدو هذا ممكنا؟ بالطبع لا، فعلاقة الاقتصاد الكلي بالجزئي هي علاقة أحادية الاتجاه؛ أي أنه يمكن للاقتصاد الكلي إصلاح كل من الفرعين، نفسه إضافة إلى الاقتصاد الجزئي عن طريق آلياته الخاصة. ولكن، لا يمكن لآليات الاقتصاد الجزئي إلا أن تسهم في إصلاح اقتصادها فقط.

التساؤل هنا يكمن في موقع زاوية المجهر، ذلك الموقع الذي به يتم البحث عن معلومات يستخرج بها قرار منطقي، فعلى سبيل المثال، هل من المنطق أن يتم تقنين الوظائف لتكون وقفا على المواطن فقط من أجل تحقيق انخفاض في معدل البطالة؟ إن كان التقنين يعد آلية في الاقتصاد الجزئي، فإن معدل البطالة يعد مؤشرا في الاقتصاد الكلي. وبناء على ما تم التطرق إليه سابقا، فإن تلك الآلية غير منطقية. قد لا يرى البعض ذلك صحيحا. ولكن، ما هو تأثير هذا التقنين على السوق؟ ألا يجره ذلك إلى أن يصبح سوقا أقل انفتاحا؟ وما قيمة الخسائر على إجمالي الناتج المحلي في ظل ارتفاع معدل خروج رأس المال

الأجنبي الناتج عن انخفاض في معدل انفتاح السوق؟ بما تقدم فقط يتم تحديد زاوية المجهر.

١-٣: نمط الحقبة

لكل قيادة نمط في الإدارة، يتيح لها أن تتكفل بمعالجة القضايا من جوانبها المختلفة، لا سيما الاقتصادية منها. وما كان للحزم إلا أن يكون أحد أنماط هذه الحقبة ومحركها الرئيسي؛ حزم لا يرتضي أن تقوم الدولة معتمدة اعتمادا كليا على ريع الصادرات النفطية فحسب. لذلك، لم يجد إلا أن يبدأ بمعالجاته ويضع خططه متمثلا برؤية المملكة ٢٠٣٠.

"ما الحزم إلا نمط هذه الحقبة."

ليس لقيام الدولة على ريع الصادرات النفطية، أو لما يسمى – إن صح التعبير – بـ «الريعية»، آثار اقتصادية فحسب، بل تتبع ذلك آثار سياسية واجتماعية وثقافية متنوعة. ففي النظام الريعي تتكفل إدارة الدولة بتوزيع ريع الصادرات النفطية إلى الشعب عبر مؤسساتها من خلال رواتب ومعونات وعقود ومشاريع متعلقة بالقطاع الخاص. ومن خلال هذا النظام تتوارث ثقافات جديدة في كل حقبة، وبها يتوجه المواطن للاستهلاك لا الإنتاجية، وهو استهلاك يحفز على السعي نحو الفساد الإداري بهدف استقطاب أكبر قيمة ممكنة من ريع الصادرات النفطية التي يتم توزيعها من خلال هذا النظام القائم. بذلك، يكون الولاء

للهرم الإداري هو السبب الذي يرفع من حصة المواطن من هذا الريع. ولكن، أما وجب أن تكون الإنتاجية بدورها بديلة عن الولاء في هذه الحالة؟ نعم، ولكن ما الذي قد يحفز المواطن المنتج في نظام قائم على أساس يعتمد على الريع لا الإنتاجية؟ فإن كان منتجا فحتما سيسهم في رفع قيمته في المجتمع، أضف إلى ذلك رفع إجمالي الناتج المحلي. وإن لم يكن منتجا فريع الصادرات النفطية يمكن أن يساعده في تغطية تكاليف معيشته. لذلك، لم تتولد أي عوامل للتحفيز، بل نتجت لدينا بيروقراطية مليئة بالعقبات التي تواجه كل من هو مقبل على الإنتاج والتصدير. وللأسف، أصبح من المنطقي الإشادة بالنظام وشكر جهوده إن أشاد بمواطن منتج لأنه تميز بالإنتاجية في زمن الريعية! أتصح الإشادة بالنظام لأنه أشاد بمواطن منتج؟ أم وجب أن تكون لكل مواطن حقوق يتم تحديدها بناء على معدل الإنتاجية الخاصة به أثناء قيامه بواجباته؟

"للأسف، أصبح من المنطقي الإشادة بالنظام إذا ما أشاد بمواطن تميز بالإنتاجية في زمن الريعية!"

تشكلت ثقافة تجارية تستهدف التدفقات النقدية على الاستهلاك داخل الدولة فقط، فبدلا من أن يتوجه المبادر لمشروع تجاري يأتي بأموال من الخارج، أصبح من السهل عليه تحقيق الأرباح ذاتها إن استهدف في مشروعه الطاقة الاستهلاكية في الداخل. فإن كان مصدر تلك الطاقة ناتجا عن أموال أتت من

الخارج بشكل مستدام فلا بأس بذلك، ولكنها ريع الصادرات النفطية التي تدفقت من مؤسسات الدولة.

– كلمة على الهامش –

"لوحظ الدعم التمويلي من قبل حكومة دولة الكويت لرواد الأعمال، بالعمل على حث الوزارات والهيئات والصناديق ذات الصلة على تمويل المشاريع الناشئة، وتقديم المحفزات، ورفع الجانب التوعوي في هذا المجال، بإقامة ورش عمل ودورات تدريبية. هذا التوجه الذي بدا ناضجا في سعيه لتحقيق فائدة مشتركة تصب في صالح المواطن، مبادرا كان أم مستهلكا، وفي صالح الاقتصاد الكلي للدولة، الذي تتحقق جدواه إن هو أسهم على نحو ملموس في نقل هذا الاقتصاد من ريعي إلى مستدام. فهل نسير فعلا في هذا الاتجاه؟

إن الشغل الشاغل لكل مبادر هو كسب حصة سوقية يستهدف بها بشكل أو بآخر تدفقا نقديا يصنع جدوى نجاح مشروعه التجاري. وتلك الجدوى هي ما يصنع حماس مؤسسات الدولة في دعم هذا النوع من المشاريع، أو وضع جدواها نموذجا يحتذى، تقام على أسس نجاحه ورش عمل ودورات تدريبية لفئة جديدة مبادرة، صانعة ثقافة تتوارث من فئة لأخرى.

إن الارتفاع الشديد في القدرة الشرائية محليا صنع أفقا لأهداف هؤلاء المبادرين، ليضعوا تلك القدرة نصب أعينهم من خلال جدوى سهلة المنال تجذب التدفق النقدي المحلي والناتج عن ريعية صادرات نفطية. فإن انخفض سعر برميل النفط، ودخلت الدولة في سياسة تقشف، فهذا سيؤثر حتما على جدوى المشاريع الاستهلاكية التي قامت الدولة مسبقا بدعمها من أجل المساهمة في نقل هذا الاقتصاد إلى مستدام. أين الاستدامة إن حصل ذلك؟

إن كانت رؤية الدولة في هذا الدعم تتمثل في صنع سوق يسهم في خلق الوظائف، ويسهم بشكل جذري في نقل الاقتصاد من ريعي إلى مستدام، فعلى أهداف تلك الرؤية أن تحدد السوق المستهدف فيما إذا كان محليا أم خارجيا. على تلك الأهداف أن تعي أهمية تأثير تلك المشاريع فيما يتعلق في رفع الصادرات وخفض الواردات. وبناء عليه، توضع معايير الأحقية في تمويل مؤسسات الدولة وحوافزها التي أعطيت هذا الدور في دعم مشاريع المبادرين. هل من العقل والمنطق أن يكون هناك دعم متساو لثلاثة مشاريع قائمة على الجدوى الربحية ذاتها؟ فالأول يستهدف التدفق النقدي المحلي، والثاني يستهدف الخليجي، والثالث يستهدف العالمي. أم على التحفيز أن يميز الثالث بشكل أكبر كونه الأقل تأثرا بأي توجه سلبي في الاقتصاد الريعي في المنطقة؟ فهو الذي لم يتأثر نشاطه بشكل مباشر مع

انخفاض سعر برميل النفط، وهو الذي استمر القائمون عليه في تلقي رواتبهم وتوظيف غيرهم، وهو الذي نافس كفاءات عالمية بشكل رفع من كفاءة القوى البشرية في المنطقة، وهو الذي أسهم في رفع إجمالي الناتج المحلي برفع الصادرات أو خفض الواردات أو كليهما.

تتوافق رؤانا مع الرؤية السامية، ولكن القصور واضح في وضع الأهداف التي صنعت استراتيجية تتحقق بها الرؤية. وكونها دولة مؤسسات بيروقراطية تتوارث بها ثقافات في الجانب الريادي، فإن الاستمرار في تلك الاستراتيجية له تبعات أشد وطأة من نظيراتها في مؤسسات تخضع لقرار مركزي، وبه يكون دعم ريادة الأعمال ما زال ريعيا." – *(دعم ريادة الأعمال ما زال ريعيا، ٢٠١٨)*

١-٤: التهديد

إن ما يهدد القيادة هو تذبذب قيمة المورد الصانع لهذا الريع، واستمرار انخفاض معدل ندرته تجاه موارد أخرى للطاقة، أضف إلى ذلك استمرار ارتفاع إجمالي المواطنين داخل المملكة. ومعدل التهديد هذا يمكن قياسه بهذه المعادلة:

$$ت = م ÷ ن$$

ت: معدل التهديد

م: إجمالي المواطنين

ن: إجمالي ريع الصادرات النفطية

لا يوجد معدل إيجابي ثابت، وإنما يستخدم هذا المؤشر على فترات عديدة لمقارنة مدى أريحية القيادة في التكفل بمواطنيها وسبل عيشهم، فمؤشر التهديد في ارتفاع متزايد كلما ارتفع إجمالي المواطنين مع ثبات الريع أو انخفاضه أو ارتفاعه بمعدل أدنى من معدل ارتفاع إجمالي المواطنين. وينخفض هذا المؤشر عند ارتفاع الريع مع ثبات إجمالي المواطنين أو انخفاضه أو ارتفاعه بمعدل أدنى من معدل ارتفاع ريع الصادرات.

من هنا يتبدى التساؤل؛ ماذا لو استمر ارتفاع هذا المعدل نتيجة لعوامل سياسية أو اقتصادية أو طبيعية؟ ماذا إن تسبب هذا الارتفاع في انخفاض مستمر في دخل الفرد الأمر الذي يسهم في خفض مستواه المعيشي شيئا فشيئا؟ وماذا إن نتج عن ذلك انخفاض مستمر في إجمالي الناتج المحلي؛ صانعا بذلك انخفاضا في التصنيف الائتماني للدولة على نحو مستمر؟ حينها، كيف يمكن لقيادة الدولة خلق فرص وظيفية، وتوسعة سوق العمل في ظل ارتفاع معدل التهديد هذا؟ وكيف لها أن تخرج من هذه المعضلة قبيل الدخول في مرحلة اللا عودة؟

– كلمة على الهامش –

"مصطلحان بخسا حقهما بمرورهما على مسامع المسؤولين في الدولة الذين اعتاد أغلبهم افتراض فهمهم معاني المصطلحات الاقتصادية من باب خبرتهم فحسب، صانعين – في ضوء فهمهم – قرارات كفيلة بأن تؤرجح اقتصاد البلاد يمنة ويسرة. فيا للريبة! وقد بات واضحا للعيان افتراض «الاستمرارية» كمقصد للاستدامة، وتعريف العجز الاكتواري على أنه «عجز محاسبي»! إن إيجاد تعريف لهذين المصطلحين أمر في غاية السهولة، وفي الحقيقة فإنني لم أضع مفهومهما أو تفسيرهما الآن بقصد تثبيته في أذهان كل المعنيين، وقد أنهكتني المحاولات السابقة مع فئة من الباذلين بجهد وجد، وفي كل محاولة كان الفشل حليفا لنا. ولكنني سأعاود الكرة اليوم؛ آملا بذلك أن يصيب كلامي هدفه، ويرتكز، ولو في ذهن قيادي واحد، لعلي أؤجر في هذا الشهر الفضيل.

إن الاستدامة الاقتصادية والميزان الاكتواري يرتبطان ببعضهما ارتباطا تكامليا، بل إن علاقة وطيدة تصل بينهما تماما كعلاقة «الهريس» بـ «الدارسين»، يكمل بعضهما الآخر. فإن واجه ميزاننا الاكتواري عجزا فإن ذلك دليل على سيرنا في طريق معاكس للاستدامة. أما إن كان هناك فائض اكتواري فهذا يعني أن اقتصادنا يسير، بلا شك، موافقا لاتجاه تلك الاستدامة. إلا أن التساؤل يبقى حول ما يجب أخذه في الاعتبار عند حساب

الميزان؛ أتعد كل من الإيرادات النفطية أو الطاقة معطى يمكننا إدخاله بوصفه قيمة حالية لحساب القيمة المستقبلية في الميزان الاكتواري؟ أم نخلط الحابل بالنابل، ثم نتروى لاستنتاج ما قد تؤول إليه الأمور؟ هل لنا أن نمتدح «هريس» منزلك افتراضا بأن ما حسّن من طعمه هو ما نثرناه فوقه من «دارسين»، في حين أنك في حقيقة الأمر قمت بتقديمه مزينا بـ «بيض مسلوق»؟!

فاعتبارنا للإيرادات التي تصب في خزينة الدولة، وهي في أصلها عائدة من مصدر بيعي لموارد قد تنضب مستقبلا أو يؤثر استغلالها سلبا في الأجيال القادمة، لهو أمر مناف بالكلية لمفهوم الاستدامة، فالاستدامة تخلق من تحقيق الاستمرارية ليس لمدة وجيزة فحسب، بل مدى الحياة تزامنا مع الارتفاع في معدل العوائد، وارتفاع أقل منه لمعدل التكاليف. بذلك الأمر نصل إلى زيادة مستمرة ومستدامة للربح السنوي، صانعين بذلك فائضا اكتواريا يا سادة!

أما الإيرادات النفطية فقد تحقق فائضا محاسبيا على مر السنين، وبه قد نحصل على فائض اكتواري «مؤقت» عند احتساب القيم المستقبلية. فهل يعد هذا الفائض فائضا اكتواريا حقيقيا موافقا لما تم شرحه؟ ماذا لو كانت هناك تكلفة للفرص البديلة تعادل قيمة مستقبلية أعلى مما تم حسابه، ولكنها لم تكتشف إلا بعد انتهاء الاحتياطيات النفطية؟ ماذا لو زادت ندرة النفط بعد مئة عام، لتصبح قيمة البرميل ٨٠٠ دولار أميركي،

تزامنا مع ارتفاع قيمة الدولار، وماذا لو ارتفعت القيمة المستقبلية للتكاليف الإصلاحية التي سترمم ما آلت إليه الأمور جراء تلك الاعتبارات الخاطئة؟! أين الاستدامة الاقتصادية والميزان الاكتواري الصحيحان؟! وما الذكرى التي ستتركها للأجيال القادمة؟

إن قيمة ما نفقده تباعا تجعلنا بحاجة ماسة إلى نبوغ أذهان تبصر لتدرك. ولكن الريعية الاقتصادية التي نشهدها اليوم أشبه بالغمامة التي تحجب الرؤية عن تلك الأبصار! لتتسابق بدورها لما يستفاد منه الآن، مهمشة بذلك الأساسيات التي درسناها تهميشا بيروقراطيا، مرتبة عليه فسادا يتباهى به المسؤولون بمصطلحي الاستدامة والعجز الاكتواري دون أدنى علم بـ «الطبخة»، وبأن «الهريس» لا يكتمل بغير «الدارسين»!" – (استدامة الهريس والدارسين الاكتواري، ٢٠١٧)

ما كان لنمط الحقبة هذا إلا أن يدفع إلى إدراك حقيقة المعضلة التي تواجهها الدولة، تلك المعضلة التي ازدادت آثارها السلبية نتيجة لانخفاض سعر برميل النفط إلى أدنى مستوياته خلال العقد السابق. وقد كانت هذه السابقة كفيلة بإدخال الميزانية السنوية في حالة عجز يتم تمويله بوساطة الاحتياطيات أو الاستدانة. كما لم يكن هذا الانخفاض في سعر برميل النفط جرس إنذار فحسب، بل كان – وفي الوقت نفسه – عقبة سلبية ومحفزا إيجابيا؛ فآلية عمل مجلس الشؤون الاقتصادية والتنمية

دليل واضح على أن رؤية ٢٠٣٠ لم تظهر بكونها ردة فعل، بل أتت بغرض تحقيق نقلة اقتصادية نوعية من عالم الريعية إلى الاستدامة. وحتما، سيكون لانخفاض سعر البرميل في بداية آلية عمل الرؤية تأثير سلبي على جدوى تلك الآلية في تحقيق أهدافها. لكن، وفي الجهة المقابلة، فقد كان لهذا الانخفاض دور إيجابي في تحفيز المواطن لتحمل تكلفة هذه النقلة التي تسعى الرؤية إلى تحقيقها بمعاصرته لحقبة تأثرت ميزانيتها سلبا؛ نتيجة لاعتمادها على ريع الصادرات النفطية.

من هنا ابتدأ مشوار الاستدامة؛ مشوار رؤية المملكة ٢٠٣٠.

* * *

مملكة الرؤية

الفصل الثاني

الرؤية

ما كان أمام نمط المرحلة إلا أن يبادر محركوه إلى شد الأحزمة بغرض دفع عجلة الدولة نحو استدامة اقتصادية، إذ تميزت هذه المرحلة بقرارات لم تشهد الأجيال مثيلا لها من قبل، ذلك أن هذه الأجيال كانت قد توارثت ثقافة ارتبطت ارتباطا تاما بريع الصادرات النفطية، وهو الأمر الذي أتاح لتلك القرارات الكشف عن تباين واضح في الآراء، لينقسم المشهد بين مؤيد ومعارض، كونها – أي القرارات – تمس أطياف المجتمع كلها ماديا ومعنويا. ولكن، يحسن الأخذ بعين الاعتبار أن لكل إصلاح اقتصادي كلفة، ويكون مستوى التباين بين الآراء متعلقا بمقدار تلك التكلفة.

"لكل إصلاح اقتصادي كلفة."

ولتحقيق الاستدامة الاقتصادية، يجب على الدولة أن تتحول من دولة تحصل على تدفقات نقدية من بيعها لمواردها الطبيعية إلى دولة تحصل على التدفقات من الأعمال القائمة على أرضها؛ أي بالسعي لبلوغ الحد الأعلى من الاستدامة، الذي به يكون الإنتاج والتصدير في أعلى مستوياته، على أن تكون المواد الأولية للإنتاج مستوردة من الخارج في حال كانت موارد طبيعية.

- كلمة على الهامش -

"في دراسة لحسين مهدفي تحت عنوان «الأنماط والمشكلات في التطور الاقتصادي في الدول الريعية: دراسة حالة إيران»، التي نشرت عام ١٩٧٠م في مجلة جامعة أكسفورد، تم افتراض تعريف الاقتصاد الريعي على أنه اقتصاد يعتمد بالغالب أو بالكامل على إيرادات مصدر دخل واحد، وبه تكون خصائص الدولة الريعية متمحورة حول ما يلي: (١) السيطرة الكاملة للحكومة على مصدر الدخل، و (٢) عدم اعتماد مصدر الدخل على الإنتاجية المحلية، و (٣) إسهام نسبة ضئيلة من السكان في الإدارة والتصدير اللذين يكفلان مصدر الدخل هذا.

لا شك في أن هذه الدراسة – آنذاك – كانت قد شكلت مصدر إلهام لكثير من الاقتصاديين، كونها تناولت مفهوما جديدا، ذلك المفهوم الذي شرع بتفسير التغيرات الاقتصادية في المنطقة بعد ظهور النفط والغاز، الأمر الذي صنع اقتصادات متينة على الرغم من اعتمادها على مصدر واحد كالنفط والغاز. ولكن، وفي زمن تجتهد به العقول من أجل إيجاد سبل للانتقال من اقتصاد ريعي إلى اقتصاد آخر يفوقه متانة، لنفترض اعتماد الخليج على مصدر دخل آخر لا يستنزف ثروة طبيعية كالنفط والغاز، مثل إيرادات البرمجيات. وعلى افتراض تميز سكان الخليج في دراسة البرمجيات وتطبيقها، ليكون الخيار الأول لأي مشروع تقني حول العالم، فهل سيشكل ذلك اقتصادا ريعيا؟ لا شك في أن هذا

الافتراض يتنافى مع خصائص الدولة الريعية، فمصدر الدخل هنا يعتمد على الإنتاجية المحلية بشكل واسع، ونسبة كبيرة من السكان تسهم في الإدارة والتصدير اللذين يكفلان مصدر الدخل، أضف إلى ذلك عدم سيطرة الحكومة على مصدر الدخل هذا. ولكن، هل يعني كونه اقتصادا غير ريعي أنه مستدام؟ إن افتراض انتهاء زمن البرمجة جراء ظهور تقنية تفوقها مهنية جدير بقتل اقتصاد الخليج حسب افتراضنا الأول. بذلك نستنتج أنه يمكن التيقن من انتفاء استدامة الاقتصاد الريعي، ولكننا في الوقت ذاته لن نستطيع التيقن من استدامة الاقتصاد غير الريعي.

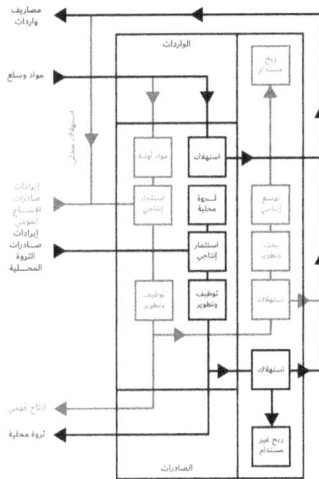

اقتصاد ريعي

مخطط دورة الاقتصاد الكلي في الدولة

المخطط السابق مثال حي على دورة الاقتصاد الكلي في دولة ريعية، على افتراض توافقها مع الخصائص المذكورة بالدراسة. يكشف مخطط الاقتصاد الريعي الاعتماد الكلي لاقتصاد هذه الدولة على إيرادات صادراتها من الثروة المحلية، إذ يتم استثمارها في الإنتاج والتصدير والتوظيف، ويستهلك جزء منها في مصاريف أخرى كمؤسسات الدولة وهيئاتها، ويتبقى منها الربح غير المستدام. لا شك في أن هذا الربح سيتوقف فور انتهاء صلاحية الثروة المحلية التي هي سبب ريعية هذا الاقتصاد. أما مخطط الاقتصاد المستدام فلا ينال ذلك الوزن في التأثير على الاقتصاد الكلي للدولة، ذلك أن اعتماده منصب في الغالب على استهلاك مخطط الاقتصاد الريعي الذي هو في نهاية الأمر قائم على صادرات الثروة المحلية. وفي حال انتهاء تلك الثروة فالأمر بلا شك سوف يؤثر على كلا المخططين. دول الخليج مثال جدير بالذكر؛ القطاع الخاص فيها كاملا، وفي جميع قطاعاته المتفرعة، تأثر سلبا جراء الخطط الحكومية في ترشيد الإنفاق، والسبب يكمن وراء اعتماد مخطط الاستدامة على مخطط الريعية.

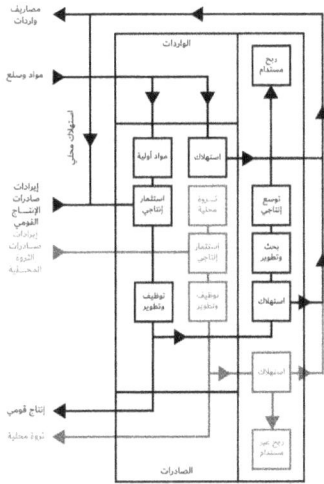

اقتصاد مستدام

مخطط دورة الاقتصاد الكلي في الدولة

أولوية التحول إلى اقتصاد مستدام تأتي من خلال تركيز إيرادات صادرات الثروة المحلية في تحفيز إيرادات صادرات الإنتاج القومي، أي من خلال استغلال مخطط الريعية في صنع مخطط استدامة متين. فالعمل يبدأ أولا لدى إلغاء الرسوم الجمركية في حال كانت الواردات مواد أولية. يأتي بعد ذلك رفع الرسوم الجمركية على الواردات التي تتوافر من منتج محلي، الأمر الذي يحفز الاستهلاك المحلي تجاه نظيره الخارجي، وبه تنخفض مصاريف الواردات. وآخرا، استغلال إيرادات صادرات الثروة المحلية في تقديم التسهيلات والتوصيات والدعم للقطاع

الخاص، ويكون التمييز بين شركات هذا القطاع مبنيا على حجم الصادرات الخاصة بكل منها. بذلك، يتحول استهداف القطاع الخاص مباشرة إلى المستهلك الخارجي لا المحلي كما يحصل في دول الخليج الآن.

بسبب الريعية التي يعتمد بها مخطط الاقتصاد المستدام على استهلاك مخطط الاقتصاد الريعي نجد عديدا من شركات القطاع الخاص التي تتوسع إقليميا مستنزفة التدفق النقدي المحلي في بناء إمبراطوريات في الخارج. ونظرا لهذا التنافس الشرس في الخارج، تجدها تخفض من أسعارها في الخارج معتمدة على ارتفاع الهامش الربحي في الداخل. وكأن صرف الاستهلاك المحلي في الخارج هو ما يكفل خطط توسع القطاع الخاص، الأمر الذي يتنافى بالكلية مع مفهوم الاقتصاد المستدام.

لا شك في أن صنع مخطط الاستدامة جدير بإحداث تنوع في القطاع الخاص؛ تنوع قائم بذاته، يستمد طاقته من نفسه بإعادة تصنيع مواد أولية يستخرج بها، هذا إلى جانب استثماره بنفسه، وبالعقول التي هو قائم عليها، لتصنيع ما هو جدير بثقة المستهلك الأجنبي الذي هو من سيدفع بتلك الزيادة المستمرة في إيرادات الإنتاج القومي. تولي المهمة والنهوض بالذات والأفراد هو ما ينهي الريعية. والتنوع هو ما يصنع الاستدامة!" – *(انعدام الريعية لا يعني الاستدامة، ٢٠١٧)*

٢-١: الإعلان

لم يكن لنمط الحقبة أن يشد الأحزمة على نحو عشوائي، بل وفق آليات عمل مدروسة تسعى لتحقيق أهداف تصنع بمجملها رؤية المملكة ٢٠٣٠ التي انطلق مشوارها الرسمي في ٢٥ أبريل ٢٠١٧ بافتتاحية صاحب السمو الملكي الأمير محمد بن سلمان بن عبدالعزيز آل سعود، ولي العهد نائب رئيس مجلس الوزراء، رئيس مجلس الشؤون الاقتصادية والتنمية.

– افتتاحية الرؤية –

"يسرني أن أقدم لكم رؤية الحاضر للمستقبل، التي نريد أن نبدأ العمل بها اليوم للغد، بحيث تعبر عن طموحاتنا جميعا وتعكس قدرات بلادنا .

دائما ما تبدأ قصص النجاح برؤية، وأنجح الرؤى هي تلك التي تبنى على مكامن القوة. ونحن نثق ونعرف أن الله سبحانه حبانا وطنا مباركا هو أثمن من البترول، ففيه الحرمان الشريفان، أطهر بقاع الأرض، وقبلة أكثر من مليار مسلم، وهذا هو عمقنا العربي والإسلامي وهو عامل نجاحنا الأول .

كما أن بلادنا تمتلك قدرات استثمارية ضخمة، وسنسعى إلى أن تكون محركا لاقتصادنا وموردا إضافيا لبلادنا وهذا هو عامل نجاحنا الثاني.

ولوطننا موقع جغرافي استراتيجي، فالمملكة العربية السعودية هي أهم بوابة للعالم بصفتها مركز ربط للقارات الثلاث، وتحيط بها أكثر المعابر المائية أهمية، وهذا هو عامل نجاحنا الثالث.

وهذه العوامل الثلاثة هي مرتكزات رؤيتنا التي نستشرف آفاقها، ونرسم ملامحها معا.

في وطننا وفرة من بدائل الطاقة المتجددة، وفيها ثروات سخية من الذهب والفوسفات واليورانيوم وغيرها. وأهم من هذا كله، ثروتنا الأولى التي لا تعادلها ثروة مهما بلغت: شعب طموح، معظمه من الشباب، هو فخر بلادنا وضمان مستقبلها بعون الله، ولا ننسى أنه بسواعد أبنائها قامت هذه الدولة في ظروف بالغة الصعوبة، عندما وحدها الملك عبدالعزيز بن عبدالرحمن آل سعود طيب الله ثراه. وبسواعد أبنائه، سيفاجئ هذا الوطن العالم من جديد.

لسنا قلقين على مستقبل المملكة، بل نتطلع إلى مستقبل أكثر إشراقا، قادرون على أن نصنعه – بعون الله – بثرواتها البشرية والطبيعية والمكتسبة التي أنعم الله بها علينا، لن ننظر إلى ما قد فقدناه أو نفقده بالأمس أو اليوم، بل علينا أن نتوجه دوما إلى الأمام.

إن مستقبل المملكة، أيها الإخوة والأخوات، مبشر وواعد، بإذن الله، وتستحق بلادنا الغالية أكثر مما تحقق. لدينا قدرات سنقوم بمضاعفة دورها وزيادة إسهامها في صناعة هذا المستقبل، وسنبذل أقصى جهودنا لنمنح معظم المسلمين في أنحاء العالم فرصة زيارة قبلتهم ومهوى أفئدتهم.

نريد أن نضاعف قدراتنا: نريد أن نحول أرامكو من شركة لإنتاج النفط إلى عملاق صناعي يعمل في أنحاء العالم، ونحول صندوق الاستثمارات العامة إلى أكبر صندوق سيادي في العالم، وسنحفز كبريات شركاتنا السعودية لتكون عابرة للحدود ولاعبا أساسيا في أسواق العالم. ونشجع الشركات الواعدة لتكبر وتصبح عملاقة. حريصون على أن يبقى تسليح جيشنا قويا، وفي نفس الوقت نريد أن نصنع نصف احتياجاته العسكرية على الأقل محليا، لنستثمر ثروتنا في الداخل، وذلك من أجل إيجاد المزيد من الفرص الوظيفية والاقتصادية.

سنخفف الإجراءات البيروقراطية الطويلة، وسنوسع دائرة الخدمات الإلكترونية، وسنعتمد الشفافية والمحاسبة الفورية، حيث أنشئ مركز يقيس أداء الجهات الحكومية ويساعد في مساءلتها عن أي تقصير. سنكون شفافين وصريحين عند الإخفاق والنجاح، وسنتقبل كل الآراء ونستمع الى جميع الأفكار،

هذه توجيهات سيدي خادم الحرمين الشريفين الملك سلمان بن عبدالعزيز آل سعود يحفظه الله، حيث أمرنا بأن نخطط لعمل يلبي كل الطموحات ويحقق جميع الأمنيات.

وبناء على توجيهه، حفظه الله، وبدءا من هذا اليوم، سنفتح بابا واسعا نحو المستقبل، ومن هذه الساعة سنبدأ العمل فورا من أجل الغد، وذلك من أجلكم – أيها الإخوة والأخوات – ومن أجل أبنائكم وأجيالنا القادمة .

ما نطمح إليه ليس تعويض النقص في المداخيل فقط، أو المحافظة على المكتسبات والمنجزات، ولكن طموحنا أن نبني وطنا أكثر ازدهارا يجد فيه كل مواطن ما يتمناه، فمستقبل وطننا الذي نبنيه معا لن نقبل إلا أن نجعله في مقدمة دول العالم، بالتعليم والتأهيل، بالفرص التي تتاح للجميع، والخدمات المتطورة، في التوظيف والرعاية الصحية والسكن والترفيه وغيره .

نلتزم أمامكم أن نكون من أفضل دول العالم في الأداء الحكومي الفعال لخدمة المواطنين، ومعا سنكمل بناء بلادنا لتكون كما نتمناها جميعا مزدهرة قوية تقوم على سواعد أبنائها وبناتها وتستفيد من مقدراتها، دون أن نرتهن إلى قيمة سلعة أو حراك أسواق خارجية.

نحن نملك كل العوامل التي تمكننا من تحقيق أهدافنا معا، ولا عذر لأحد منا في أن نبقى في مكاننا، أو أن نتراجع لا قدر الله.

رؤيتنا لبلادنا التي نريدها، دولة قوية مزدهرة تتسع للجميع، دستورها الإسلام ومنهجها الوسطية، تتقبل الآخر. سنرحب بالكفاءات من كل مكان، وسيلقى كل احترام من جاء ليشاركنا البناء والنجاح .

في المرتكزات الثلاثة لرؤيتنا: العمق العربي والإسلامي، والقوة الاستثمارية، وأهمية الموقع الجغرافي الاستراتيجي؛ سنفتح مجالا أرحب للقطاع الخاص ليكون شريكا، بتسهيل أعماله، وتشجيعه، لينمو ويكون واحدا من أكبر اقتصادات العالم، ويصبح محركا لتوظيف المواطنين، ومصدرا لتحقق الازدهار للوطن والرفاه للجميع. هذا الوعد يقوم على التعاون والشراكة في تحمل المسؤولية.

لقد سمينا هذه الرؤية بـ (رؤية المملكة العربية السعودية ٢٠٣٠)، لكننا لن ننتظر حتى ذلك الحين، بل سنبدأ فورا في تنفيذ كل ما ألزمنا أنفسنا به، ومعكم وبكم ستكون المملكة العربية السعودية دولة كبرى نفخر بها جميعا إن شاء الله تعالى." – (وثيقة رؤية ٢٠٣٠، ٢٠١٧)

٢-٢: المقدمة

وأتت مقدمة وثيقة الرؤية على النحو التالي:

"لقد حبانا الله في المملكة العربية السعودية مقومات جغرافية وحضارية واجتماعية وديموغرافية واقتصادية عديدة، تمكننا من تبوؤ مكانة رفيعة بين الدول القيادية على مستوى العالم. ورؤية أي دولة لمستقبلها تنطلق من مكامن القوة فيها، وذلك ما انتهجناه عند بناء رؤيتنا للمملكة العربية السعودية للعام ١٤٥٢هـ – ٢٠٣٠م. فمكانتنا في العالم الإسلامي ستمكننا من أداء دورنا الريادي كعمق وسند لأمتينا العربية والإسلامية، كما ستكون قوتنا الاستثمارية المفتاح والمحرك لتنويع اقتصادنا وتحقيق استدامته. فيما سيمكننا موقعنا الاستراتيجي من أن نكون محورا لربط القارات الثلاث.

تعتمد رؤيتنا على ٣ محاور وهي المجتمع الحيوي والاقتصاد المزدهر والوطن الطموح، وهذه المحاور تتكامل وتتسق مع بعضها في سبيل تحقيق أهدافنا وتعظيم الاستفادة من مرتكزات هذه الرؤية.

تبدأ رؤيتنا من المجتمع، وإليه تنتهي، ويمثل المحور الأول أساسا لتحقيق هذه الرؤية وتأسيس قاعدة صلبة لازدهارنا الاقتصادي. ينبثق هذا المحور من إيماننا بأهمية بناء مجتمع حيوي، يعيش أفراده وفق المبادئ الإسلامية ومنهج الوسطية

والاعتدال، معتزين بهويتهم الوطنية وفخورين بإرثهم الثقافي العريق، في بيئة إيجابية وجاذبة، تتوافر فيها مقومات جودة الحياة للمواطنين والمقيمين، ويسندهم بنيان أسري متين ومنظومتا رعاية صحية واجتماعية ممكنة .

وفي المحور الثاني الاقتصاد المزدهر، نركز على توفير الفرص للجميع، عبر بناء منظومة تعليمية مرتبطة باحتياجات سوق العمل، وتنمية الفرص للجميع من رواد الأعمال والمنشآت الصغيرة إلى الشركات الكبرى. ونؤمن بتطوير أدواتنا الاستثمارية، لإطلاق إمكانات قطاعاتنا الاقتصادية الواعدة وتنويع الاقتصاد وتوليد فرص العمل للمواطنين. ولإيماننا بدور التنافسية في رفع جودة الخدمات والتنمية الاقتصادية، نركز جهودنا على تخصيص الخدمات الحكومية وتحسين بيئة الأعمال، بما يسهم في استقطاب أفضل الكفاءات العالمية والاستثمارات النوعية، وصولا إلى استغلال موقعنا الاستراتيجي الفريد.

ولأن الفاعلية والمسؤولية مفهومان جوهريان نسعى لتطبيقهما على جميع المستويات لنكون وطنا طموحا بإنتاجه ومنجزاته. ولذلك، نركز في المحور الثالث من الرؤية على القطاع العام، حيث نرسم ملامح الحكومة الفاعلة من خلال تعزيز الكفاءة والشفافية والمساءلة وتشجيع ثقافة الأداء لتمكين مواردنا وطاقاتنا البشرية، ونهيئ البيئة اللازمة للمواطنين وقطاع

الأعمال والقطاع غير الربحي لتحمل مسؤولياتهم وأخذ زمام المبادرة في مواجهة التحديات واقتناص الفرص.

وفي كل محور من محاور الرؤية، قمنا بسرد عدد من الالتزامات والأهداف، والتي تمثل نموذجا مما سنعمل على تحقيقه، وتعكس طموحنا بالأرقام. كما سيتم اعتماد الرؤية كمرجعية عند اتخاذ قراراتنا، للتأكد من مواءمة المشاريع المستقبلية مع ما تضمنته محاور الرؤية وتعزيز العمل على تنفيذها.

وحرصا على توضيح آليات العمل والخطوات القادمة، فقد قمنا بسرد بعض البرامج التنفيذية التي بدأ العمل عليها في مجلس الشؤون الاقتصادية والتنمية، وبرامج أخرى تمثل نماذج من البرامج التي ستطلق قريبا في سبيل تحقيق أهدافنا والتزاماتنا.

إن استدامة نجاحنا لا تكون إلا باستدامة مقومات هذا النجاح، وهذا ما نأمل أن تحققه رؤيتنا التي تنبع من عناصر قوتنا وتقود في المحصلة إلى استثمار هذه المقومات بشكل أكثر استدامة بإذن الله." – (وثيقة رؤية ٢٠٣٠، ٢٠١٧)

مفهوم الرؤية يسير جدا، إذ يعد تصورا لتحقيق هدف ما بعد مدة زمنية محددة. فهناك من يضع رؤيته بأن يحقق ثروة طائلة خلال ١٠ سنوات، وهناك من يرى بأنه سيصبح أستاذا في

الجامعة بعد ٥ سنوات. فالرؤية هي الطموح الذي ترغب في تحقيقه. ومن أجل تحقيق هذا الطموح فإن على المرء أن يضع رؤى صغيرة حتى يكفل تحقق الرؤية النهائية، منها رؤى قصيرة الأمد، ومنها طويلة الأمد، ومنها ما يعتمد على رؤى أخرى. تلك الرؤى الصغيرة تسمى أهدافا، فلتحقيق ثروة طائلة في ١٠ سنوات يتوجب على صاحب هذه الأهداف أن يبدأ بصياغتها. فأولها هدف توفير رأس المال، يليه هدف تعلم الاستثمار، ثم هدف الاستثمار الناجح، ومن ثم هدف تحقيق الربح المجدي. والأمر نفسه ينطبق على من يطمح لأن يكون أستاذا في الجامعة، وعليه يكون هدفه الأول إنهاء الثانوية العامة، ثم يليه هدف الحصول على نسبة تخرج عالية تفتح أمامه فرص الالتحاق بالتعلم الجامعي، ثم يتبلور هدف إنهاء الدراسة الجامعية، ومن ثم هدف نيل شهادات الدراسات العليا، حتى الانتهاء لدى تحقيق هدف الالتحاق في سلك التعليم الجامعي. بناء عليه، لن تتحقق الرؤية النهائية إن لم تتحقق رؤاها الصغيرة، أو ما يسمى بأهدافها، فجملة الأهداف المتحققة هي التي تصنع الرؤية.

٢-٣: البرامج

وإن اتحدت الأهداف لتحقيق رؤية واحدة فلا شك من أن هناك اختلافات كبيرة بين الأهداف وسبل التعامل معها، إذ إن لكل هدف استراتيجية، أو ما يسمى بآلية عمل ترسم خارطة الطريق

التي تكفل تحقيق ذلك الهدف. وبناء عليه، كان لرؤية ٢٠٣٠ برامج عدة تتكفل بتحقيق أهداف مختلفة في شتى القطاعات على النحو التالي:

– برامج الرؤية –

"نضع من خلال هذه الوثيقة تصورا واضحا ورؤية طموحة لوطننا في عام ١٤٥٢هـ – ٢٠٣٠م، وتعد هذه الوثيقة الخطوة الأولى في توجهنا الجديد نحو تطبيق أفضل الممارسات العالمية في بناء مستقبل أفضل لوطننا. ولأجل تحقيق آمالنا وتطلعاتنا، بدأنا بالفعل بتنفيذ عدد من البرامج التي أسهمت ومهدت الطريق أمام بناء هذه الرؤية، ومن ذلك على سبيل المثال لا الحصر:

برنامج إعادة هيكلة الحكومة – إن نمط هيكلة العمل الحكومي عالميا يتجه نحو المرونة وإعادة الهيكلة المستمرة لتحقيق وخدمة الأولويات الوطنية. وقد تمت الانطلاقة فعليا في هذا المسار، وذلك بإلغاء المجالس العليا في الدولة، وإنشاء مجلسين أحدهما للشؤون السياسية والأمنية والآخر للشؤون الاقتصادية والتنمية، وقد أسهم ذلك في تسريع عملية وضع الاستراتيجيات ورفع كفاءة الأداء وتسريع الإجراءات وعملية اتخاذ القرار. وسنواصل هذا التطوير الهيكلي بصورة شاملة وعلى مراحل بحسب الأولوية.

برنامج الرؤى والتوجهات – لقد اعتمدنا ما رفعته أجهزتنا الحكومية من توجهات ورؤى ملائمة، حيث تمت مراجعة مهامها الحالية ومواءمتها مع احتياجاتنا المستقبلية، اعتمادا على الدراسات اللازمة والمقارنات المعيارية، وتحليل البرامج والخطط ومؤشرات قياس الأداء المحققة لها.

برنامج تحقيق التوازن المالي – منذ تأسيس مجلس الشؤون الاقتصادية والتنمية، بدأنا في مراجعة المشروعات القائمة وآلية اعتمادها وأثرها الاقتصادي، وأسسنا لجانا واستحدثنا إدارات جديدة لاتخاذ الإجراءات اللازمة تجاهها، ومراجعة اللوائح المتعلقة بذلك. رفعنا خلال العام الماضي إيراداتنا غير النفطية بنحو ٣٠%، ونسعى خلال الأعوام القادمة إلى الاستمرار بهذه الوتيرة وتسريعها عبر إجراءات جديدة في قطاعات متعددة.

برنامج إدارة المشروعات – تمر بلادنا اليوم بموجة من المشروعات الإصلاحية والتطويرية في جميع الأجهزة، ولإدارة ذلك الزخم بطريقة ملائمة والتأكد من مواءمة الجهود، اعتمدنا المفهوم العلمي لإدارة المشروعات، وأسسنا مكتبا لإدارة المشروعات في مجلس الشؤون الاقتصادية والتنمية والكثير من الجهات الحكومية الأخرى، كما أسسنا مركزا للإنجاز والتدخل السريع.

برنامج مراجعة الأنظمة – خلال العام الماضي، قمنا بمراجعة بعض الأنظمة القائمة وسن أنظمة جديدة طال انتظارها منذ سنوات، ومنها نظام الشركات، ونظام المؤسسات والجمعيات الأهلية، ونظام رسوم الأراضي البيضاء، ونظام الهيئة العامة للأوقاف، وغيرها. وسنستمر في مراجعة الأنظمة للتأكد من ملاءمتها للمستقبل.

برنامج قياس الأداء – قمنا باعتماد ثقافة الأداء مبدأ لأعمالنا، وحرصنا على تطبيقه في تقويمنا لجميع الجهات والبرامج والمبادرات والمسؤولين، وقد أسسنا المركز الوطني لقياس أداء الأجهزة العامة للقيام بهذه المهمة بشكل مؤسسي، وقمنا ببناء لوحات لمؤشرات قياس الأداء بما يعزز المساءلة والشفافية.

ولضمان تحقيق رؤية المملكة العربية السعودية ٢٠٣٠م، نعمل الآن على إطلاق مجموعة من البرامج التنفيذية والتي سيكون لها كبير الأثر في تحققها، ومنها على سبيل المثال لا الحصر:

برنامج التحول الاستراتيجي لشركة أرامكو السعودية – نؤمن بأن لدى أرامكو السعودية القدرة على ريادة العالم في قطاعات جديدة إضافة إلى النفط، وعملت الشركة على برنامج تحولي متكامل يضعها في موقع قيادي في أكثر من مجال.

برنامج إعادة هيكلة صندوق الاستثمارات العامة – عملنا على إعادة هيكلة الصندوق، ونواصل العمل في تمكينه من إدارة الأصول التي ضمت إليه سابقا وستضم إليه مستقبلا لتجعل منه أكبر صندوق سيادي في العالم، وسنعلن عن برنامج متكامل لذلك.

برنامج رأس المال البشري – نظرا لكون العنصر البشري عاملا أساسيا لنجاح المشروعات، سنعمل على تأسيس برنامج متخصص لدعم وتفعيل هذا العنصر المهم. وسيعنى البرنامج بقياس كفاءة رأس المال البشري في القطاع العام وتقويمها وتحليلها، والمساندة في توفير الكوادر والدراسات والاستشارات والشراكات الاستراتيجية المتعلقة برأس المال البشري، والمساعدة في الاختيار والتطبيق لتحقيق الأهداف الاستراتيجية.

برنامج التحول الوطني – عملنا مع أجهزتنا الحكومية وفق إجراء جديد في ورش عمل مكثفة على تحديد أولوياتنا الوطنية واقتراح المبادرات اللازمة لتحقيقها عبر شراكات مع القطاع الخاص وأسلوب إداري ومالي مبتكر، وعبر تحديد مبادرات نوعية بخطط تفصيلية ومؤشرات واضحة لقياس الأداء.

برنامج الشراكات الاستراتيجية – نعمل مع شركائنا الاقتصاديين حول العالم لبناء شراكات استراتيجية جديدة

للقرن الحادي والعشرين وبما يتوافق مع رؤيتنا الوطنية لنكون محورا لربط القارات الثلاث ولتعزيز صادراتنا.

برنامج التوسع في التخصيص – نعمل على تحديد دقيق لعدد من القطاعات الملائمة للتخصيص، ونقوم بإعداد برنامج متكامل لإنجاح هذا التوجه والاستفادة من أفضل الممارسات العالمية ونقل المعرفة والتأكد من تحقيق أهدافنا بشكل متوازن وعلمي.

برنامج تعزيز حوكمة العمل الحكومي – سنعمل على إعادة هيكلة مستمرة ومرنة لأجهزتنا الحكومية، تلغي الأدوار المتكررة وتسعى إلى توحيد الجهود وتسهيل الإجراءات وتحديد الاختصاصات بشكل واضح وتفعيل مسؤولية الجهات في تسلم مهماتها بشكل يسمح لها بالتنفيذ ويمكن المساءلة، ويضمن استمرارية العمل والمرونة في مواجهة التحديات. كما سننشئ مكتبا للإدارة الاستراتيجية على مستوى مجلس الشؤون الاقتصادية والتنمية يعمل على مواءمة كافة البرامج والخطط الحكومية والتأكد من ملاءمتها مع الرؤية الوطنية ومنع الازدواجية أو التضارب بين السياسات وبرامج الأجهزة، والتأكد من أن مكونات هذه الرؤية تفصل في استراتيجيات قطاعية ملائمة. كما سنؤسس مركز دعم اتخاذ القرار في الديوان الملكي لتقديم المعلومات والبيانات اللازمة لعملية اتخاذ القرار، بما يضمن تعزيز اعتمادها على البراهين والأدلة.

إن التزامنا بتحقيق هذه البرامج المحورية لأهدافها، وإسهام كل منا في هذه الجهود الوطنية، سيمثل الخطوة الأولى في سبيل تحقيق رؤية المملكة العربية السعودية ٢٠٣٠م، وسنستمر بإطلاق برامج جديدة خلال السنوات القادمة، وسنعمل بشكل مستمر على مراجعة وتقويم أدائنا في سبيل تحقيق رؤيتنا بإذن الله.

والله الموفق والهادي إلى سواء السبيل." – *(وثيقة رؤية ٢٠٣٠، ٢٠١٧)*.

٢-٤: إطار الحوكمة

أما آلية إدارة تلك البرامج فتسري وفقا لإطار الحوكمة التي تسعى للانتفاع من نظام المؤسسات القائم، بهدف تحفيز الإنتاجية المساهمة في تسريع عملية ومنهجية تحقيق الأهداف المطلوبة. وقد جاء إطار الحوكمة على هذا النحو:

"استنادا إلى تكليف مجلس الوزراء لمجلس الشؤون الاقتصادية والتنمية، بوضع الآليات والترتيبات اللازمة لتحقيق (رؤية المملكة العربية السعودية ٢٠٣٠) قام المجلس بتطوير نظام حوكمة متكامل؛ لضمان مأسسة العمل ورفع كفاءته وتسهيل تنسيق الجهود بين الجهات ذات العلاقة؛ بما يمكن المجلس من المتابعة الفاعلة.

الأدوار والمسؤوليات:

أولا: على مستوى رسم التوجهات والاعتماد:

مجلس الشؤون الاقتصادية والتنمية – بناء على تفويض مجلس الوزراء، يتولى المجلس وضع الآليات والترتيبات اللازمة لتحقيق (رؤية المملكة العربية السعودية ٢٠٣٠)، ويشمل ذلك رسم الرؤى والتوجهات والبرامج والرفع بها، والبت فيما يطرأ على البرامج والمبادرات من تعديل أو تحديث، كما يتولى المجلس البت فيما من شأنه إعاقة تحقيق البرامج التنفيذية لأهدافها فيما يقع ضمن اختصاصاته.

اللجنة المالية – تتولى اللجنة وضع وتحديث آليات اعتماد تمويل البرامج والمبادرات بما في ذلك تطوير إطار النفقات متوسطة المدى، كما تتولى اللجنة إعداد وتحديث الآليات التفصيلية التي يتم من خلالها اعتماد المتطلبات المالية للبرامج والمبادرات ويشمل ذلك دراسة المتطلبات المالية للبرامج والمبادرات وتخطيط التدفقات النقدية لها والرفع بشأنها.

الفريق الإعلامي بمجلس الشؤون الاقتصادية والتنمية – يتولى الفريق الإعلامي في مجلس الشؤون الاقتصادية والتنمية ترسيخ الصورة الذهنية لـ (رؤية المملكة العربية السعودية ٢٠٣٠)، ويشمل ذلك توحيد الرسائل الموجهة للرأي العام وتصحيح ما قد يكون خاطئا منها وتطوير الخطط الإعلامية لـ

(رؤية المملكة العربية السعودية ٢٠٣٠) والبرامج التنفيذية المرتبطة بها لإطلاقها للجمهور تعزيزا لمبدأ الشفافية .

ثانيا: على مستوى تطوير الاستراتيجيات:

اللجنة الاستراتيجية بمجلس الشؤون الاقتصادية والتنمية – تتولى اللجنة الاستراتيجية في مجلس الشؤون الاقتصادية والتنمية مسؤولية تقديم الدعم في الشؤون الاستراتيجية للمجلس، بما في ذلك اقتراح صياغة الاستراتيجيات المحققة لـ (رؤية المملكة العربية السعودية ٢٠٣٠)، وترجمتها إلى برامج تنفيذية، ومتابعة تنفيذها، وذلك من خلال إشرافها على مكتب الإدارة الاستراتيجية، ودراسة كل ما يرفعه المكتب إليها. كما تتولى اللجنة كذلك دورا هاما في حل العوائق والمشكلات التي تواجه تنفيذ الاستراتيجيات والبرامج والمشروعات المحققة لتوجهات المجلس من خلال البت فيما يرفعه إليها مكتب الإدارة الاستراتيجية أو القيام برفعه إلى المجلس للبت فيه. وتعقد اللجنة اجتماعاتها بدعوة من رئيسها مرة واحدة كل ثلاثة أشهر على الأقل، أو كلما دعت الحاجة إلى ذلك بحسب ما يقدره رئيس اللجنة.

مكتب الإدارة الاستراتيجية في مجلس الشؤون الاقتصادية والتنمية – يتبع مكتب الإدارة الاستراتيجية للجنة الاستراتيجية حيث يمثل المكتب الذراع التنفيذية لها. ويتولى المكتب دراسة

وتحليل سبل ترجمة (رؤية المملكة العربية السعودية ٢٠٣٠) إلى خطط وبرامج تنفيذية ومن ثم الإشراف والمتابعة المستمرة على تقدم تلك الخطط والبرامج التنفيذية، ومدى تحقيقها لمستهدفاتها من خلال التقارير الواردة إليه، وتحديد الفجوات والرفع إلى اللجنة الاستراتيجية بشكل دوري بما يرى ملاءمته من توصيات. كما يتولى المكتب دورا هاما في تذليل العقبات والمشكلات التي تصعد إليه ودراسة أسباب تأخر أو تعثر المبادرات (إن وجدت) وإعداد ملف متكامل سعيا نحو إيضاح الحقائق وتقريب وجهات النظر والبت فيها أو رفعها إلى اللجنة الاستراتيجية في مجلس الشؤون الاقتصادية والتنمية للنظر في شأنها.

مكتب إدارة المشروعات في مجلس الشؤون الاقتصادية والتنمية – يتولى المكتب مسؤولية متابعة المشروعات والقرارات التي يصدرها مجلس الشؤون الاقتصادية والتنمية، ويشمل ذلك مدى تحقيق أهداف والتزامات (رؤية المملكة العربية السعودية ٢٠٣٠)، وما يراه المجلس من أولويات أو مبادرات نوعية ضمن البرامج التنفيذية الساعية لتحقيقها. ويشمل ذلك التأكد من تطبيق منهجيات إدارة المشروعات وتقسيمها إلى محافظ وتحليل الاعتماديات والمخاطر المرتبطة بذلك بما يدعم تحقيق النتائج المرجوة. كما يتولى المكتب مسؤولية متابعة سير المعاملات من وإلى المجلس والعكس،

ويقوم المكتب بالتواصل مع الجهات في هذا الصدد لجمع التقارير الخاصة بذلك والتي تمكنه من متابعة التنفيذ وإدارة المخاطر ويشمل ذلك تعريف التحديات وتصعيدها ومتابعة مدى التزام الجهات ذات العلاقة بالتعاون وقيامها بمسؤولياتها وتسهيل تنفيذ البرامج، والرفع لمكتب الإدارة الاستراتيجية بشكل دوري.

وزارة الاقتصاد والتخطيط – تمثل الوزارة الجهة الداعمة للجهات ذات العلاقة والأجهزة الحكومية في التخطيط الاستراتيجي والتنفيذي، وذلك بناء على توجيه من مجلس الشؤون الاقتصادية والتنمية أو في حال طلب الجهات ذلك. كما توفر الوزارة المعلومات اللازمة من بيانات وإحصاءات ودراسات إلى الجهات ذات العلاقة، وتعمل على مواءمة الخطط القطاعية والمناطقية بين الجهات ذات العلاقة.

مركز الإنجاز والتدخل السريع – يمثل المركز الذراع الداعمة لمجلس الشؤون الاقتصادية والتنمية في عمله مع الجهات التنفيذية بغرض تحقيق (رؤية المملكة العربية السعودية ٢٠٣٠) وذلك من خلال تقديم الدعم في تصميم المبادرات وإنجازها وتنفيذها. كما يتدخل المركز بناء على توجيه من مجلس الشؤون الاقتصادية والتنمية في حال التعثر في تنفيذ أي من المبادرات المشمولة في البرامج التنفيذية المحققة لـ (رؤية المملكة العربية السعودية ٢٠٣٠). ويقوم المركز برفع تقارير

دورية للمجلس حول البرامج والمشروعات والمهمات التي تم تكليفه بها .

ثالثا: على مستوى الإنجاز:

الجهات التنفيذية – الجهات التنفيذية لـ (رؤية المملكة العربية السعودية ٢٠٣٠) من وزارات وهيئات وأجهزة حكومية هي المعنية في المقام الأول بتطوير وتنفيذ البرامج والمشاريع والمبادرات، وتنسيق الجهود والتعاون مع الجهات الحكومية الأخرى في سبيل تحقيق النتائج المرجوة. كما يكون رئيس كل جهة هو المسؤول الأول عن الإنجاز وحل الإشكالات والتحديات الداخلية التي تعيق تحقيق الأهداف وإنجاز المبادرات ويشمل ذلك رفع التقارير وتوفير المعلومات للجهات ذات العلاقة.

المركز الوطني لقياس أداء الأجهزة العامة – يناط بالمركز تعزيز الشفافية لجميع الأطراف ذات العلاقة عبر متابعة مدى التقدم الحاصل في تنفيذ البرامج والمبادرات وتحقيق المستهدفات، وقياس مستوى التقدم بشكل دوري، بما في ذلك التحقق من مدى التزام الجهات بتحقيق الأهداف الوطنية المشتركة وإبراز أي تعثر أو تأخير في تقدم تنفيذ المبادرات والرفع بذلك إلى الجهات ذات العلاقة بشكل مستمر. كما يتولى المركز إشراك المجتمع في متابعة أداء البرنامج والأجهزة المعنية من خلال نشر لوحات مؤشرات الأداء وتقارير دورية مدققة –

بحسب نظامه الداخلي وبالتنسيق مع الفريق الإعلامي – حول مختلف البرامج التنفيذية المحققة لـ (رؤية المملكة العربية السعودية ٢٠٣٠) كما يعمل المركز كذلك على بناء وتفعيل آليات متابعة وقياس أداء الأجهزة العامة ضمن الجهات المنفذة للبرامج والمبادرات.

آلية التصعيد:

نظرا إلى أهمية وجود آلية واضحة لحل الإشكالات التي قد تواجه التنفيذ وتصعيد كل ما من شأنه أن يعوق تحقيق الأهداف المرجوة ضمن منظومة حوكمة (رؤية المملكة العربية السعودية ٢٠٣٠)، فقد اعتمدت آلية تضع مسؤولية حل العوائق على الأجهزة التنفيذية في المقام الأول، وتعزز من تحمل تلك الجهات لمسؤولياتها، وترفع درجة إحاطة الجهات المعنية بأسباب تأخر أو تعثر تنفيذ المبادرات، وتفعل دور المساءلة والمحاسبة في حال تطلب الأمر ذلك. ويتم ذلك وفق مستويات متعددة بحسب عمق وتعقيد المشاكل والفترة الزمنية اللازمة لحلها، حيث تقع مسؤولية التصعيد على كل جهة في مستويات التصعيد أدناه، بناء على ما يتطلبه حل المشكلة وبشرط ألا تتجاوز مدة حل العوائق وتفاديها في أي جهة أسبوعين وبمتابعة من مجلس الشؤون الاقتصادية والتنمية، وتهدف هذه الآلية إلى رفع كفاءة الإنجاز وسرعة حل المشكلات، وفقا للآتي:

المستوى الأول – يتم حل العوائق والتعامل معها داخل الجهة المنفذة للبرامج والمبادرات وبإشراف مباشر من رئيس الجهة (مثال: الوزير المختص) ويعول على رئيس الجهة حل معظم المشاكل التنفيذية في هذا المستوى وذلك قبل تصعيدها إلى مستوى أعلى في حال كان ما يعوق التقدم لا يقع ضمن إطار صلاحياته.

المستوى الثاني – يطلب من مكتب الإدارة الاستراتيجية التابع لمجلس الشؤون الاقتصادية والتنمية المشاركة دراسة الموضوع وإعداد ملف متكامل سعيا نحو إيضاح الحقائق وتقريب وجهات النظر والحصول على المعلومات اللازمة لذلك من جميع الجهات ذات العلاقة سعيا نحو حل العوائق المصعدة له، ولا يتم الرفع إلى اللجنة الاستراتيجية إلا عند تعذر معالجة ما يعيق تقدم الإنجاز على هذا المستوى.

المستوى الثالث – تقوم اللجنة الاستراتيجية بالبت فيما يرفع لها من مكتب الإدارة الاستراتيجية ضمن اختصاصاتها، وفي حال تعذر ذلك، قد ترى اللجنة الحاجة إلى رفع الموضوع إلى مجلس الشؤون الاقتصادية والتنمية للبت فيه.

المستوى الرابع – يعرض الموضوع على مجلس الشؤون الاقتصادية والتنمية للبت فيه." – *(وثيقة رؤية ٢٠٣٠، ٢٠١٧)*

إن الجهود المبذولة في التخطيط ووضع أسس رؤية المملكة العربية السعودية ٢٠٣٠ تعد جهودا ضخمة، تنبئ عن علو الهمة، وتكشف عن كونها ذات سقف رصين يشيده الطموح. ولا يسعنا أولا وآخرا إلا أن نأخذ هذه الجهود الوطنية التي اجتمعت عليها كل الأطياف الطموحة بعين الاعتبار، في تكاتف تلقائي أريد به أن يكون عربون امتنان وتعبيرا عن مدى الانبهار والإعجاب بما ترنو تلك الرؤية إلى تحقيقه. ولكن ذلك التكاتف سرعان ما تزعزع، إذ لم يدم طويلا وذلك حالما واجهت تلك الأطياف حقيقة تحملها لكلفة هذه الرؤية. فما كان من تلك التكلفة إلا أن تتسبب في استمرارية التأثير السلبي شيئا فشيئا، تزامنا وبشكل طردي مع زيادة الاجتهاد ذي الجدوى في تطبيق آليات عمل الرؤية.

٢-٥: دراسة ماكينزي آند كومباني

كان لدراسة «ماكينزي آند كومباني» «المملكة ما بعد النفط: نحو الاستثمار والإنتاجية» التي تم نشرها في ديسمبر ٢٠١٥ دور فاعل في تهيئة آراء الاقتصاديين حول كلفة أي إصلاح اقتصادي قادم، فالدراسة جمعت معطيات السوق السعودي في زمن الريعية الاقتصادية بين العامين ٢٠٠٣ و٢٠١٣، وكيف أن الارتفاع في سعر برميل النفط في تلك الفترة كان له دور مباشر في رفع إجمالي الناتج المحلي، ورفع مستوى دخل الفرد بما نسبته ٧٥٪، أضف إلى ذلك زيادة استثمار الدولة في التعليم والبنية التحتية. إلا أن الاستنتاج الذي توصلت له «ماكينزي آند كومباني» في هذه

الدراسة يتلخص في أنه من غير الممكن أن يتوسع الاقتصاد السعودي في ظل اعتماده على ريع الصادرات النفطية حتى وإن تدخلت الحكومة من خلال تطبيق قوانين تحوطية مثل خفض الرواتب أو تجميد الميزانيات. وبناء عليه، وفي ظل ارتفاع الكثافة السكانية، فإن مستوى دخل الفرد سيبدو في حركة انخفاض مستمرة، في حين أن معدل البطالة سيواصل ارتفاعا مستمرا.

"أهداف دراسة ماكينزي آند كومباني: مضاعفة إجمالي الناتج المحلي، وخلق ٦ ملايين فرصة وظيفية، وخفض الاعتماد على النفط إلى ٣٠٪."

ثلاثة أهداف أساسية استندت إليها «ماكينزي آند كومباني» في دراستها ليتم تحقيقها في ٢٠٣٠؛ فالهدف الأول هو مضاعفة إجمالي الناتج المحلي، والهدف الثاني هو خلق ٦ ملايين فرصة وظيفية، أما الهدف الثالث والأخير فهو خفض نسبة الاعتماد على النفط من ٩٠٪ إلى ٣٠٪.

"أهم القطاعات بالنسبة لدراسة ماكينزي آند كومباني، هي: التعدين والمعادن، والبتروكيماويات، والتصنيع، وتجارة التجزئة، وتجارة الجملة، والسياحة والفندقة، والصحة، والتمويل والإنشاءات."

تطرقت الدراسة إلى عدة آليات خاصة بالعمل يمكن من خلالها تحقيق تلك الأهداف المنشودة. تسعى الآلية الأولى إلى

تحقيق زيادة في قنوات الإيرادات الداخلية للخزينة الحكومية، كالضرائب والرسوم الجمركية، أضف إليها تحسين أداء المصروفات، إما بخفضها أو رفع العائد من ورائها. فيما تعمل الآلية الثانية على إعادة هيكلة مؤسسات الدولة وموظفيها باستخدام أحدث الأساليب، ومن ذلك، على سبيل المثال لا الحصر، تحديد الرواتب حسب الإنتاجية والإبداع لتحفيز خلق فرص وظيفية جديدة. تليها الآلية الثالثة التي تسهم في تسريع انتقال السوق السعودي من السوق المغلق والمقاد بواسطة الحكومة إلى السوق المفتوح والمقاد بواسطة اقتصاده الكلي والجزئي. أما الآلية الرابعة فتقوم على اعتماد حوكمة جديدة بقوانينها الخاصة في السوق السعودي من أجل تحسين أدائه. وأخيرا، تعمل الآلية الخامسة على استثمار ٤ تريليون دولار أمريكي على مدى ١٥ سنة في ٨ قطاعات: التعدين والمعادن، والبتروكيماويات، والتصنيع، وتجارة التجزئة، وتجارة الجملة، والسياحة والفندقة، والصحة، والتمويل والإنشاءات. تطرقت الدراسة كذلك إلى إثبات دور تلك القطاعات في خلق الفرص الوظيفية وتوسعة الاقتصاد السعودي.

"ماكينزي آند كومباني: تكلفة الاستدامة تتضمن الانخفاض المؤقت لكل من إجمالي الناتج المحلي ومستوى دخل الفرد، والارتفاع المؤقت للبطالة."

عكفت هذه الدراسة على تسليط الضوء والتطرق بشكل خاص للمرحلة الانتقالية التي يتحول بها الاقتصاد السعودي من ريعي إلى مستدام تتحقق به الأهداف الأساسية الثلاثة. ونتيجة لآلية العمل الحازمة في هذه المرحلة التي يعمل بها على نحو مؤقت فإن إجمالي الناتج المحلي ومستوى دخل الفرد سوف ينخفض، في حين يرتفع معدل البطالة بصورة مؤقتة. وهذه هي تكلفة تحقيق الاستدامة، التي سيتحملها الاقتصاد السعودي أثناء المرحلة الانتقالية.

لا شك في أن الدراسة قد امتازت بتحليها بالمنطق الاقتصادي، ولكنها في الوقت ذاته حاولت، في انتهاجها لبعض الآليات والأهداف، أن ترضي شرائح مختلفة من الآراء المحلية التي تتعارض مع نظريات الاقتصاد الكلي. ومن أمثلة ذلك التوطين. وكنت قد أبديت عتبا خاصا آنذاك، يوم إعلان «ماكينزي آند كومباني» عن دراستها، أي قبل إدراك مدى جدية حزم المملكة الاقتصادي في رؤية ٢٠٣٠، وكان ذلك نتيجة إلى عدم أخذ الجانب الاجتماعي بعين الاعتبار الذي يتسبب في تشكيل عقبات في بيروقراطية المؤسسات الحكومية. أما اليوم وبعد أن شهدنا حزم آلية عمل رؤية ٢٠٣٠، فيمكن القول بأن دراسة ماكينزي سهلة التطبيق نظرا لما تتحلى به الحكومة السعودية من حزم وصرامة، نسبة وتناسب في عملية شد وجذب .

وبالرغم من وفرة المعلومات التي قدمتها الدراسة إلا أن المملكة لم تكتف بما فيها من خطط وآليات عمل وأهداف فحسب. وفي الوقت نفسه، فإن ما سبق لا يعني عدم استفادتها منها كليا، فلا شك من وجود بعض الاقتباسات من دراسة «ماكينزي آند كومباني» في رؤية المملكة ٢٠٣٠، ولكن الشمولية في دراسة أهداف الرؤية وآليات عملها فاقت التوقعات، فلكل برنامج في الرؤية أهداف خاصة به، وآليات عمل تغطي ما هو أبعد من الجانب الاقتصادي، ليشمل جميع الجوانب، لا سيما الاجتماعي والثقافي والسياسي منها.

– كلمة على الهامش –

"«الرؤية الاقتصادية» مفهوم تفاوتت معايير تقييمه، فقبل أشهر معدودة أعلنت المملكة عن رؤيتها، وأتى دور الكويت اليوم للإعلان عن رؤيتها بشعار «كويت جديدة». اختلفت الآراء في توضيح معايير تقييم الرؤى، ويرى فريق أن من أدرك الجدوى الاقتصادية باستراتيجية رؤيتهم قد تزدوج معاييره إن لم يدركها باستراتيجية رؤيتنا، أو العكس!

حضور مفهوم «الإصلاح الاقتصادي» دليل قاطع على وجود «خلل» اقتصادي تسلم به جميع الأطراف. والتزامن في تعثر تلك الأطراف مجتمعة أمر طبيعي مع هذا الإصلاح. اقتبست رؤية المملكة كثيرا من الاستراتيجية التي نص عليها تقرير

«ماكنزي» التي كان لشدة حزمها تقرير واضح بتكاليفها، مثل انخفاض مستوى دخل الفرد وإجمالي الناتج المحلي وارتفاع البطالة، وبه نرى منطق المملكة في إدراك مبدأ «ماكو شي ببلاش»، وهو منطق لم تتقبله الكويت اعتقادا منها بأن وجود استراتيجية «ببلاش» أمر قابل للتطبيق. وتحوم حول القضية النظريات السياسية أكثر من الاقتصادية، إذ إنه، بهدف الاستمرارية، ليبدو من صالح المفوض له بالإدارة «الحكومة» إيهام القائم بالتفويض «العامة» بأنه قادر على تحقيق مستقبل واعد للدولة «ببلاش» دون التعرض لمصالح القائم بالتفويض التي تعتمد على هذا الخلل الاقتصادي المراد إصلاحه «ببلاش». فالتساؤل هنا هو كيف سيتم إصلاح هذا الخلل دون التعرض لمصالح قائمة عليه؟ وكيف للقائم بالتفويض أن يدرك جدوى إصلاح اقتصادي لا يصلح خللا اقتصاديا؟ لا شك من أن المصالح الشخصية على المدى القصير أمر مجد لجميع الأطراف، ولكنها ستقلب الدولة رأسا على عقب، اقتصاديا، على المدى البعيد!

فالكويت، على عكس ما قامت به المملكة، قد وضعت رؤيتها بناء على استراتيجية رسمتها سنوات من الفساد الإداري والبيروقراطية، وتنبأت بالأهداف التي قد تحققها تلك الاستراتيجية، تلك الأهداف هي ما رسم «كويت جديدة». أين الإنجاز في ذلك؟ قد نرى التشابه بين استراتيجية كل من

الرؤيتين في الأمور الظاهرة للعامة فقط، خاصة فيما يتعلق بالقوانين واللوائح المختصة بزيادة صافي إيرادات «الحكومة»، ولكن تعزيز متانة الاقتصاد يأتي نظريا من خلال استراتيجية مكلفة هدفها زيادة صافي الصادرات. فاليوم نجد أن المملكة توجه جزءا من تدفقها النقدي الناتج عن تلك القوانين واللوائح إلى هذه الاستراتيجية وكأنها استثمرت في اقتصادها لتحقيق استدامته، فبالرغم من أن هذا الاستثمار سيقلل من تصنيف المملكة الائتماني على المدى القصير، إلا أن المملكة مدركة أن له نتائج أكثر إيجابية على المدى البعيد. أما الكويت، فما قامت به هو تجاهل هذا الاستثمار للتوافق، بيروقراطيا، مع استراتيجية وثيقة الإصلاح الاقتصادي التي وضعت من أجل تحقيق هدف الحد من خفض هذا التصنيف.

وما نراه هو أن الإصلاح الاقتصادي لا يمكن تحقيقه على نحو صحي وحازم وجاد إلا في بيئة ديمقراطية خالية من الفساد الإداري والمالي، أو في بيئة دكتاتورية سياسيا، أو حين يقع القرار على عاتق رجل واحد. فما مدى خلو الديمقراطية في الكويت من الفساد الإداري والمالي؟ وهل تعيش المملكة فعلا مرحلة اقتصادية يقودها رجل واحد؟ فإن جف القلم من إيضاح الفروقات في الرؤى وآليات العمل فهل لك أن ترى الفروقات بين بيئتي العمل؟" – *(رؤيتنا ورؤيتهم، ٢٠١٧)*

٢-٦: الأهداف

يكفل تحقق هذه الأهداف إحلال رؤية المملكة ٢٠٣٠، فقد تحرّت المملكة وضع الأهداف في شتى المجالات على اختلافها، كما أن تحقيقها يتطلب اتحاد جميع مؤسسات الدولة يدا بيد. ومن تلك الأهداف ما يجب السعي لتحقيقه قبيل عام ٢٠٢٠، مثل إنشاء أندية للهواة بغرض تقديم أنشطة ثقافية وفعاليات ترفيهية وفق منهجية منظمة، ومنها كذلك رفع نسبة تملك الأسر للمساكن، وأخيرا، تدريب نصف مليون موظف حكومي عن بعد، وتأهيلهم لتطبيق مبادئ إدارة الموارد البشرية في الأجهزة الحكومية.

وتتبدى أهداف على المدى الطويل، إذ يتم السعي إلى تحقيقها قبيل العام ٢٠٣٠، ومنها رفع كل من مؤشر رأس المال الاجتماعي، ومؤشر التنافسية العالمي، ومؤشر أداء الخدمات اللوجستية، ومؤشر فعالية الحكومة، ومؤشر الحكومات الإلكترونية. أضف إلى ذلك السعي إلى زيادة الطاقة الاستيعابية للمعتمرين، ورفع عدد المواقع الأثرية المسجلة في اليونسكو إلى الضعف على أقل تقدير، وتصنيف بعض المدن السعودية بين أفضل ١٠٠ مدينة في العالم، ورفع إنفاق الأسر على الثقافة والترفيه داخل حدود المملكة، ورفع نسبة ممارسي الرياضة، وزيادة متوسط العمر المتوقع، وتخفيض معدل البطالة، ورفع مساهمة المنشآت الصغيرة والمتوسطة في إجمالي الناتج المحلي، ورفع نسبة مشاركة المرأة في سوق العمل، ورفع حجم

الاقتصاد، ورفع نسبة المحتوى المحلي في قطاع النفط والغاز، ورفع قيمة أصول صندوق الاستثمارات العامة من ٦٠٠ مليار إلى ما يزيد عن ٧ تريليون ريال سعودي، ورفع نسبة الاستثمارات الأجنبية المباشرة من إجمالي الناتج المحلي إلى المعدل العالمي، ورفع مساهمة القطاع الخاص في إجمالي الناتج المحلي، ورفع نسبة الصادرات غير النفطية من ١٦٪ إلى ٥٠٪ على الأقل من إجمالي الناتج المحلي غير النفطي، وزيادة الإيرادات الحكومية غير النفطية من ١٦٣ مليارا إلى تريليون ريال سنويا، ورفع نسبة مدخرات الأسر، ورفع مساهمة القطاع غير الربحي في إجمالي الناتج المحلي، والوصول إلى مليون متطوع في القطاع غير الربحي سنويا.

٢-٧: ثقافة المواطن وملامح الرؤية

حدث ما لم يكن في الحسبان، وذلك أن تكاتف أطياف المجتمع المنشود احتفاء بإعلان رؤية ٢٠٣٠ بدأ يتلاشى يوما بعد يوم، إذ بدأت معاناتهم تزداد على نحو ملحوظ إثر الإجراءات التقشفية التي تمس حياة جميع المواطنين وتغير من نمطها تاركة آثارها في الطبقات جميعها. وسنتوقف عن التعمق في هذا المحور، نظرا لتشعبه وتشابكه الذي سيقودنا للاستطراد والانتقال من موضوع إلى آخر، ولكننا سنتطرق إليه بتفصيل أكبر لدى مناقشة خطوات الآليات الأكثر جدلا بين المواطنين.

"أمن المفترض أن يتحقق هدف ارتفاع مستوى دخل الفرد أو ارتفاع مؤشر رأس المال الاجتماعي دون أن تتبدل ثقافة الاعتماد على الريعية إلى ثقافة الاعتماد على الإنتاجية؟"

في حقيقة الأمر، فإننا لا نقع على وعد ملموس يضمن أن تتحقق نتائج الرؤية كما خطط لها ما لم تتبدل ثقافة المواطن، بل على العكس من ذلك تماما. إن ما يدركه المرء عند اطلاعه على تفاصيل وثيقة رؤية ٢٠٣٠ هو أمر واحد يتمثل في أن المملكة ستصل إلى مرحلة عميقة في الإنتاجية، وذلك دون تطرق الوثيقة إلى جانب ثقافة المواطن. فالسؤال الذي يفرض نفسه هنا هو كيف يمكن لاقتصاد دولة ما أن يصل إلى تلك المرحلة العميقة في الإنتاجية وهو قائم في الوقت ذاته على أجيال تحكمها ثقافة الريعية؟ هل من المفترض أن يتحقق هدف ارتفاع مستوى دخل الفرد أو ارتفاع مؤشر رأس المال الاجتماعي دون أن تتبدل ثقافة الاعتماد على الريعية إلى ثقافة الاعتماد على الإنتاجية؟ وهنا بالضبط يأتي دور برامج الرؤية التي تسهم بشكل رئيسي في نشر الوعي الثقافي والاجتماعي أمام تلك المتغيرات، فقد كان للرؤية خطة طموحة ذات منهجية واضحة، وقد تم الإعلان عن ملامحها بشكل تفصيلي، على نحو يلخص بتفاصيله وفصوله كل ما قد يترقبه المواطن في سنواته المستقبلية القادمة.

– نقاط الخطة –

"**صندوق سيادي** – ستعمل المملكة على تحويل صندوق الاستثمارات العامة السعودي إلى صندوق سيادي بأصول تقدر قيمتها بتريليوني دولار إلى ٢,٥ تريليون دولار، ليصبح بذلك أضخم الصناديق السيادية عالميا. أوضح الأمير محمد أن البيانات الأولية تشير إلى أن الصندوق سوف يكون أو يسيطر على أكثر من ١٠٪ من القدرة الاستثمارية في الكرة الأرضية، ويقدر حجم ممتلكاته بأكثر من ٣٪ من الأصول العالمية. وأضاف أن السعودية ستشكل قوة استثمارية من خلال الصندوق الذي سيكون محركا رئيسيا للكرة الأرضية كلها وليس للمنطقة فقط.

التحرر من النفط – تستطيع السعودية من خلاله العيش دون نفط بحلول عام ٢٠٢٠، وتستطيع تحقيق هذه الخطة الاقتصادية حتى لو كان سعر برميل النفط ثلاثين دولارا أو أقل، وأنه من شبه المستحيل أن يكسر سعر برميل النفط ثلاثين دولارا بحكم الطلب العالمي. تهدف الخطة إلى زيادة الإيرادات غير النفطية ستة أضعاف من نحو ٤٣,٥ مليار دولار سنويا إلى ٢٦٧ مليار دولار سنويا، كما تهدف إلى زيادة حصة الصادرات غير النفطية من ١٦٪ من الناتج المحلي حاليا إلى٥٠٪ من الناتج. تسعى السعودية إلى تحسين وضعها لتصبح ضمن أفضل ١٥ اقتصادا في العالم بدلا من موقعها الراهن في المرتبة العشرين. فيما يتعلق بمصادر الطاقة فإن السعودية سوف تقوم بإنشاء

مجمع ضخم للطاقة الشمسية شمال البلاد، كما أن الصناعات السعودية ستركز على نقاط القوة وتتجنب نقاط الضعف مثل موارد المياه الشحيحة، وذلك بتوجيه الاستثمار في مصر والسودان.

طرح أرامكو بالبورصة – ستطرح السعودية أقل من ٥٪ من شركة النفط الوطنية العملاقة أرامكو للاكتتاب العام في البورصة، وستخصص عائدات الطرح لتمويل الصندوق السيادي السعودي، وأن أرامكو جزء من المفاتيح الرئيسية للرؤية الاقتصادية. طرح جزء من الشركة للاكتتاب ستنتج عنه عدة فوائد أبرزها الشفافية، إذا طرحت أرامكو في السوق يعني أنها يجب أن تعلن عن قوائمها، وتصبح تحت رقابة كل بنوك السعودية وكل المحللين والمفكرين السعوديين، بل تحت رقابة كل البنوك العالمية. يتوقع تقييم أرامكو إجمالا بأكثر من تريليوني دولار.

البطاقة الخضراء – أعلن ولي ولي العهد السعودي آنذاك محمد بن سلمان أن السعودية ستطبق نظام البطاقة الخضراء خلال خمس سنوات من أجل تحسين مناخ الاستثمار، وأن النظام سيمكن العرب والمسلمين من العيش طويلا في السعودية، وأن المملكة ستفتح السياحة أمام جميع الجنسيات بما يتوافق مع قيم ومعتقدات البلاد. منا أن الإصلاحات الشاملة المخطط لها ومن بينها نظام البطاقة الخضراء ستطبق حتى إن

ارتفعت أسعار النفط فوق مستوى سبعين دولارا للبرميل من جديد.

ثلاثون مليون معتمر – تخطط السعودية لزيادة عدد المعتمرين سنويا من ثمانية ملايين إلى ثلاثين مليونا بحلول العام ٢٠٣٠. فيما يرى أن أعمال تطوير البنى التحتية كمطار جدة الجديد ومطار الطائف سيدعم الخطة، أضف إليها تطوير البنى التحتية في مكة، واستثمار أراض محيطة بالحرم المكي.

وأعلن ولي العهد السعودي أن السعودية ستنشئ أكبر متحف إسلامي في العالم، وسيكون مقره في الرياض، وذلك لإتاحة الفرصة لغير المسلمين بزيارته.

التوظيف والقطاع الخاص – تهدف الخطة إلى زيادة مشاركة النساء في سوق العمل من ٢٢٪ إلى ٣٠٪، وخفض نسبة البطالة بين السعوديين من ١١,٦٪ إلى ٧٪. وتسعى المملكة إلى زيادة إسهام القطاع الخاص في الناتج المحلي من ٣,٨٪ حاليا إلى ٥,٧٪.

صناعة عسكرية – السعودية بصدد إنشاء شركة قابضة للصناعات العسكرية مملوكة بالكامل للحكومة تطرح لاحقا في السوق السعودي، ومن المتوقع أن تطلق في أواخر ٢٠١٧.

الإسكان والمشروعات – ستعمل الحكومة السعودية على إعادة هيكلة قطاع الإسكان للمساهمة في رفع نسب تملك

السعوديين. كما أن الإنفاق على مشروعات البنية التحتية سيستمر، إلا أن الرؤية الاقتصادية لعام ٢٠٣٠ لن تتطلب إنفاقا حكوميا عاليا. وستنشئ السعودية مكتبا لإدارة المشاريع الحكومية وظيفته أن يسجل كل الخطط والأهداف، ويبدأ بتحويلها إلى أرقام، وإلى قياس أداء دوري، ومراقبة مدى مواءمة عمل الجهات الحكومية، وخطط الحكومة، وبرامج الحكومة في تحقيق الأهداف.

مكافحة الفساد – تقضي الخطة بتعزيز مكافحة الفساد." – *(مؤتمر صحفي ومقابلة تلفزيونية لصاحب السمو الملكي الأمير محمد بن سلمان، ٢٠١٧)*

٢-٨: ميزانية المملكة

من خلال الميزانية السنوية للدولة التي يتم إعدادها من قبل وزارة المالية، فإن المواطن يتمكن من إدراك ومقارنة الأداء الحكومي المحاسبي بالأداء في السنوات السابقة. فبوساطة الموازنة، تقوم الدولة بتقدير المصروفات والإيرادات للسنة القادمة، وبناء عليه تقوم باحتساب الفائض أو العجز المتوقع. أما الميزانية فهي قائمة على تحديد المصروفات والإيرادات الفعلية، واحتساب الفائض أو العجز من السنة السابقة.

وجب تحليل الميزانيات السابقة لعشر سنوات، من عام ٢٠٠٥ إلى نهاية عام ٢٠١٥، بهدف استخراج النمط السابق، لنرى

فيما إذا كان مشابها لنمط المرحلة الحالية. وفي هذه الفترة سجلت الميزانية ثلاث سنوات من العجز. فالعجز الأول كان في ميزانية ٢٠٠٩ جراء الأزمة الاقتصادية آنذاك. أما الثاني والثالث فقد كانا في ميزانية ٢٠١٤ و ٢٠١٥ نتيجة لانخفاض سعر برميل النفط.

وعند استخراج نموذج الانحدار الخطي للميزانيات السالفة، بحيث تكون المصروفات الفعلية هي المتغير التابع لمتغير المصروفات التقديرية ومتغير الإيرادات التقديرية، يتبين لنا أن نمط ونهج تلك الحقبة يشير إلى أن الحكومة تصرف أعلى مما تم تقديره بمبلغ قدره ١٣ هللة مقابل كل ريال سعودي. أي في حال كانت المصروفات التقديرية ٨٤٠ مليار ريال فإن الفعلية في نهاية السنة ستكون ٩٤٩٫٢ مليار ريال سعودي. أضف إليها أن المصروفات الفعلية ترتفع عن التقديرية بواقع ١١ هللة مقابل كل ريال سعودي في الإيرادات المقدرة. فإن كانت الإيرادات المتوقعة تعادل ٥١٤ مليار ريال، فإن فارق المصروفات الفعلية عن المقدرة يعادل ٥٦٫٥ مليار ريال. وعند جمع هذين المبلغين تكون المصروفات الفعلية ١٠٠٥٫٧ مليار ريال سعودي. ولكن، ما كان للتحليل إلا أن يضع تصحيحا بقيمة سالبة تعادل ٤١٫٢ مليار ريال سعودي، وبه تكون المصروفات الفعلية ٩٦٤٫٥ مليار ريال في حال كانت المصروفات التقديرية ٨٤٠ مليار ريال سعودي، والإيرادات التقديرية ٥١٤ مليار ريال سعودي. معادلة

التكهن من خلال نموذج الانحدار عبر ملاحظات الفترة الزمنية السالفة قد حققت مستوى للثقة يعادل ٩٧,٦٪، وهي على النحو التالي:

$$ص = (١,١٣ \ س) + (٠,١١ \ ع) – ٤١,٢$$

ص: المصروفات الفعلية للسنة القادمة (مليار ريال)

س: المصروفات المقدرة للسنة القادمة (مليار ريال)

ع: الإيرادات المقدرة في السنة القادمة (مليار ريال)

وعند الإعلان عن ميزانية المملكة ٢٠١٦ وموازنة ٢٠١٧ تبين اختلاف نمط الحقبة السابق عن نمط المرحلة الحالية. فلأول مرة منذ عام ٢٠٠٥، حسب البيانات المتوافرة، تكون المصروفات الفعلية أدنى من المقدرة، إذ كانت الفعلية ٨٢٥ مليار ريال سعودي مقابل المقدرة ٨٤٠ مليار ريال سعودي. أما الإيرادات الفعلية فكانت ٥١٤ مليار ريال مقابل الفعلية التي تجاوزتها بواقع ١٤ مليار ريال سعودي. بذلك يكون العجز الفعلي ٢٩٧ مليار ريال سعودي أدنى من التقديري بواقع ٢٩ مليار ريال سعودي. أما تقديرات موازنة ٢٠١٧ فكانت تنص على أن المصروفات المقدرة تعادل ٨٩٠ مليار ريال سعودي، والإيرادات المقدرة تعادل ٦٩٢ مليار ريال سعودي، إذ يتشكل بذلك عجز مستقبلي بقيمة ١٩٨ مليار ريال سعودي.

هناك نوعان من الملاحظات يجب اعتبارها عند استخراج نموذج الانحدار الخطي؛ النوع الأول يأخذ بعين الاعتبار جميع الملاحظات من الميزانيات السابقة، منذ عام ٢٠٠٥ إلى عام ٢٠١٦، وذلك لاستخراج المصروفات الفعلية لعام ٢٠١٧. أما النوع الآخر فهو ما يهتم بالتركيز على ميزانية ٢٠١٦ فقط، كونها حقبة تختلف سياسيا وإداريا عما سبقها من حقب.

إن أخذنا بعين الاعتبار النوع الأول من الملاحظات يكون تكهن المصروفات الفعلية ٩٩٩,٦ مليار ريال سعودي، أي أعلى من المصروفات التقديرية بواقع ١٠٩,٦ مليار ريال سعودي. أما إن اعتبرنا النوع الثاني من الملاحظات، فيكون تكهن المصروفات الفعلية ٨٧٤,١ مليار ريال سعودي، أي أدنى من المصروفات التقديرية بواقع ١٥,٩ مليار ريال سعودي.

معادلة التكهن من خلال نموذج الانحدار بواسطة ملاحظات الفترة الزمنية من ٢٠٠٥ إلى ٢٠١٦ قد حققت مستوى للثقة يعادل ٩٥٪، وهي على النحو التالي:

$$ص = (١,٠٣ \text{ س}) + (٠,١٩ \text{ ع}) - ٥٦,٧$$

ص: المصروفات الفعلية للسنة القادمة (مليار ريال)

س: المصروفات المقدرة للسنة القادمة (مليار ريال)

ع: الإيرادات المقدرة في السنة القادمة (مليار ريال)

أما معادلة التكهن بوساطة ملاحظات ميزانية ٢٠١٦ فقد حققت مستوى للثقة يعادل ١٠٠٪ كونها شكلت ملاحظات سنة واحدة، وهي على النحو التالي :

ص = (س ÷ جـ) × ي

ص: المصروفات الفعلية للسنة القادمة (مليار ريال)

س: المصروفات الفعلية في السنة السابقة (مليار ريال)

جـ: المصروفات المقدرة في السنة السابقة (مليار ريال)

ي: المصروفات المقدرة للسنة القادمة (مليار ريال)

يمكننا هنا النظر في هذين التكهنين، وأخذ المعدل المتوسط بحيث تساوي المصروفات الفعلية المتوقعة لعام ٢٠١٧ ما قدره ٩٣٦,٨٥ مليار ريال سعودي. وقد كشفت ميزانية ٢٠١٧ المصروفات الفعلية في نهاية الأمر، إذ عادلت ٩٢٦ مليار ريال سعودي، أي أعلى من المقدر بواقع ٣٦ مليار ريال سعودي. فبالرغم من هذا الارتفاع إلا أنه كان أدنى من جميع ارتفاعات المصروفات الفعلية عن المقدرة بين عام ٢٠٠٥ و ٢٠١٥، وقد جاء نتيجة مصروفات غير دائمة، استحقت في نهاية السنة. الجدير بالذكر هو أن المصروفات الفعلية كانت بشكل تقريبي تتوسط المسافة بين كلا التكهنين اللذين اختلفت معيارية اختيارهما للملاحظات، الأول الذي بلغ ٨٧٤,١ مليار ريال

سعودي والثاني الذي بلغ ٩٩٩,٦ مليار ريال سعودي. وما كان لتحليل الميزانية إلا أن يعطي دلالة واضحة على اختلاف نمط الحقبة الحالية عن نمط الحقب السابقة، إذ تميز بإدارة اقتصادية جيدة لميزانية الدولة.

– كلمة على الهامش –

"ميزانية وموازنة ترقبهما اقتصاديو الخليج لما لهما من تأثير غير مباشر على اقتصادات الدول المجاورة على نحو عام، والخليجية على نحو خاص. وكما جرت العادة، فقد قرأنا ما بهما من أرقام لنضيفها على أنها ملاحظات جديدة إلى أوراقنا الإحصائية التي نستخرج بها النسب الجديدة، والتنبؤات بالأرقام، والنسب المستقبلية. ولا شك في أن تلك القراءات تعكس التوجه الإداري للدولة، الذي يمكن من خلاله رفع «مستوى ثقة» تنبؤات ذات صلة.

ما زال الحزم واضحا في العلاقة بين المصروفات المقدرة في بداية السنة والمصروفات الفعلية في نهايتها. المصروفات الفعلية في عام ٢٠١٦ كانت أقل من المقدرة بواقع ١٥ مليار ريال سعودي. وبالرغم من عدم حصول هذا الأمر في ٢٠١٧ نظرا إلى أن المصروفات الفعلية كانت قد اجتازت المصروفات المقدرة بواقع ٣٦ مليار ريال سعودي، إلا أن إجمالي التجاوز في هاتين السنتين يقدر ب ٢١ مليار ريال سعودي. عند مقارنة إجمالي تجاوز

هاتين السنتين مع أقل تجاوز سنوي منذ ٢٠٠٥، الذي يقدر بـ ٥٨ مليار ريال سعودي في عام ٢٠٠٦، فإن هذا التجاوز يعادل ٣٦٪ من تجاوز ٢٠٠٦، الأمر الذي يرفع من «مستوى ثقة» تنبؤات متعلقة بالحزم في تقريب المصروفات الفعلية من المقدرة.

"الميزانيات السنوية تظهر بالأرقام مدى تميز نمط حقبة ٢٠١٦ إلى ٢٠١٧ عن نمط حقبة ٢٠٠٥ إلى ٢٠١٥."

ففي نهاية ٢٠١٦، ومع موازنة ٢٠١٧، كان لنا تكهنات مبنية على نموذجين للانحدار، أما الأول فتعتمد ملاحظاته على ميزانيات عهد الملك عبدالله رحمه الله، وتعتمد ملاحظات الآخر على ميزانيات عهد الملك سلمان. وعند أخذ المعدل بين نتائج هذين النموذجين نستخرج تكهنا أقرب إلى ما نراه في أرقام ميزانية ٢٠١٧. وقد نص التكهن على أن المصروفات الفعلية لعام ٢٠١٧ ستقدر بـ ٩٣٦,٨٥ مليار ريال سعودي، بمستوى ثقة يعادل ٩٧٪، الذي هو أعلى من المصروفات الفعلية التي تم الإعلان عنها بـ ١٠,٩ مليار ريال سعودي. وبناء على ملاحظاتنا الجديدة وموازنة ٢٠١٨ اللذين رسما لنا نموذج انحدار جديد، فالتكهن ينص على أن المصروفات الفعلية لعام ٢٠١٨ ستكون ١٠٤٨,٥ مليار ريال سعودي في حال كانت المصروفات المقدرة تساوي ٩٧٨ مليار ريال سعودي، والإيرادات الفعلية تساوي ٧٨٣ مليار ريال سعودي، بمستوى ثقة انخفض إلى ٨٩٪.

من الناحية الأخرى، فإنه لا تجب الإشادة، في هذه السنة المالية على وجه الخصوص، بارتفاع نسبة الإيرادات غير النفطية، وذلك لأنها أتت كنتيجة لانخفاض نسبة خزينة الدولة من إيرادات أرامكو السعودية. وبالرغم من أهمية ارتفاع تلك النسبة إلا أنها لا تعني بالضرورة تحسنا اقتصاديا من خلال تنوع مصادر الدخل. إن القراءة الصحيحة لتلك النسبة يجب أن ترتبط ليس بإجمالي الناتج المحلي فحسب بل بمدى الارتفاع في الصادرات، والانخفاض في الواردات. فالتغيير الضئيل في هذين المعيارين واضح إذا ما نظرنا في إجمالي الناتج المحلي في ٢٠١٧ الذي قدر بـ ٢٧٣٨ مليار ريال سعودي، والذي ما زال أقل من نظرائه في الأعوام من ٢٠١٢ إلى ٢٠١٤.

معيارية اختيار المؤشرات في تسويق الأداء الحكومي أمر جدير بالذكر، ففي كل من الربع الأول والثاني والثالث كان التركيز واضحا على مقارنة العجز مع الربع النظير في السنة السابقة، كونه يعطي مؤشرا إيجابيا. ولكن مع انتهاء السنة المالية لم يذكر هذا المؤشر كون العجز الفعلي للربع الأخير أقرب إلى مجموع عجز الأرباع الثلاثة السابقة الذي بمقداره تقل مصداقية تلك المقارنات السابقة في كل ربع. وبالرغم من معرفة الأسباب الفعلية لارتفاع العجز في الربع الأخير، إلا أن التدقيق المحاسبي والإحصائي ينتقد دوما عدم اعتبار معايير ثابتة، الأمر الذي قد

يقرأ بوصفه محاولة للتضليل من أجل إبراز الجانب الإيجابي فقط." – (*ميزانية المملكة ٢٠١٧ – ٢٠١٨، ٢٠١٧*)

* * *

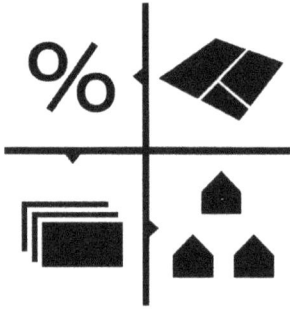

الفصل الثالث

الإسكان

تعد قضية الإسكان من أبرز القضايا والمعضلات التي تواجهها المملكة العربية السعودية من ناحية التعقيد والتبعات؛ إذ تشتكي الغالبية العظمى من المواطنين من صعوبة تملك مساكن خاصة تتيح لكل مواطن على حدة إمكانية إيواء أسرته فيه، هذه الصعوبة أحدثت توجها كثيفا في جانب كمية الإيجار السنوي لدى ملاك العقار، وقد ظهرت نتيجة ذلك على نحو جلي، إذ ما كان لتلك الكثافة إلا أن تؤثر سلبا على الاقتصاد الكلي للدولة، والثقافة السكنية فيها، صانعة مشكلات معقدة أو عودية على بعضها بعضا متداخلة فيما بينها.

"قضية الإسكان، قضية معقدة أو عودية."

٣-١: المشكلة المعقدة

يرجع مفهوم المشكلة المعقدة أو العودية إلى المعنى الذي ينص على أنها تلك المشكلة الكبرى التي تتكون نتيجة نشوء مشكلات صغيرة متعددة ترتبط فيما بينها. ويبدأ هذا النوع من المشكلات بظهور مشكلة واحدة صغيرة، تتسبب هذه المشكلة بظهور مشكلة صغيرة ثانية، وتلك الثانية تولد مشكلة ثالثة، وهكذا بالتتابع وصولا للمشكلة الأخيرة التي تزيد من حدة مساوئ الأولى. تتكرر الدورة ابتداء من المشكلة الأولى بآثار ومعطيات سلبية أكثر حدة، الأمر الذي يزيد من مساوئ المشكلة الثانية التي بدورها تزيد من مساوئ المشكلة الثالثة،

والثالثة تؤثر كذلك في المشكلة الأخيرة، حتى يعود التأثير للحلقة الأولى من السلسلة، فتكون نتائج المشكلة الأخيرة عودية على الأولى. وبذلك، تكبر فقاعة المشكلة التي كانت من صنع نمط العودية المتعلقة بالمشكلات الصغيرة، هذه الفقاعة يطلق عليها اصطلاحا «المشكلة المعقدة».

ولا شك من أن التوجه الكثيف للإيجار قد نتج عن وجود شح في الأراضي، أي انخفاض كمية المعروض منها. وفي تخصيصنا للمعضلة من منطلق انخفاض كمية المعروض من الأراضي فهذا لا يعني انخفاض كمية الأراضي المعروضة للبيع وحسب، بل إن المقصود من ذلك هو الأراضي المعروضة للبيع بسعر يتناسب مع ميزانية المواطن وقدرته الشرائية، أي في نطاق سعر يقع بين نقطة تلاقي خط العرض والطلب على الأراضي السكنية. والأسباب الأخرى كثيرة، يصعب حصرها، ومن أهمها انخفاض مستوى دخل الفرد، وغياب محفزات استثمار الأراضي.

إن تاجر الأراضي قد اشترى العقار بسعر مرتفع نظرا لرغبته في إتمام صفقته في زمن المشكلة المعقدة. ولكي يحقق الربح المجدي من تلك الصفقة، فإنه يتطلع إلى بيع هذا العقار بسعر أعلى من سعر الشراء. والعلاقة طردية بين زمن الاحتفاظ وسعر العقار، فكلما طال زمن الاحتفاظ بهذا العقار ارتفع سعره أكثر. وما كان لارتفاع السعر هذا إلا أن يزيد من انخفاض كمية المعروض من الأراضي التي تتناسب أسعارها مع ما يناسب

المواطن وقدرته الشرائية، ولعل السبب في ذلك يعود إلى أن معدل ارتفاع قيمة الأراضي أعلى من معدل ارتفاع دخل الفرد سنويا.

"السعر هو ما يحدده البائع، أما القيمة فهي السعر الذي يتم الاتفاق عليه من قبل البائع والمشتري"

وتبعا إلى كون الاقتصاد الجزئي هو سقف علم تاجر العقار في هذه المسألة، فإنه لا يرى ولا يبدي اهتماما لجانب الاقتصاد الكلي في الوقت نفسه، إذ يعتقد هذا التاجر أن سعر العقار سيستمر بالارتفاع دون توقف. وبشكل نظري، يعد هذا الاعتقاد افتراضا صحيحا. ولكن الحقيقة التي تنص على أن قيمة العقار متوقفة عند السعر المحدد بين نقطة تلاقي كميتي العرض والطلب على الأراضي، وأن هناك اختلافا شاسعا بين القيمة والسعر، تنفي صحة ذلك الاعتقاد بالكلية. فالسعر هو ما يحدده البائع، أما القيمة فهي السعر الذي يتم الاتفاق عليه من قبل البائع والمشتري. فهل سيخفض التاجر سعر البيع إلى سعر يوافق عليه المشتري في حين أنه قد اشترى الأرض بسعر أعلى بكثير، ليترتب على هذا التنازل خسارة سعرية؟

٣-٢: سوق الإيجار

إن لكل قضية في الاقتصاد الجزئي حلا مؤقتا تقوم باكتشافه الفئات التي تنتفع منه، ولكنها مع غياب القوانين قد تضر أو

تؤثر تأثيرا سلبيا في الاقتصاد الكلي للدولة. فنظرا للارتفاع المستمر بشكل متتابع على أسعار الأراضي فإن ذلك يجعل المواطن يتجه إلى خيار استئجار مسكنه، الأمر الذي يؤدي إلى ارتفاع حاد في الطلب على المساكن المعروضة للإيجار، ليفتح بذلك سوقا جديدة.

فسوق الإيجار بعوائده المرتفعة والمرتبطة بشكل نسبي مع القيمة الحقيقية للأراضي، أي السعر عند نقطة تلاقي العرض والطلب قبيل ازدهار سوق الإيجار، كان خير محفز للتأثير في نقطة التلاقي بين كميتي العرض والطلب على الأراضي. فالقيمة الحقيقية للأراضي ارتفعت جراء ظهور تجار الإيجار الذين يطمحون إلى بناء عقار يتكون من شقق سكنية تدر عليهم عوائد مجدية، تتناسب تلك العوائد مع ما يستهلكه المواطن غير القادر على تملك عقاره.

فكلما ارتفعت أسعار الأراضي شح عدد الشقق المعروضة للبيع نظرا لارتفاع أسعارها بما لا يتناسب مع قدرة المواطن الشرائية، وكلما ارتفع معدل هذا الشح ازداد الطلب على المساكن المؤجرة، وبناء على ذلك تزداد أسعار الأراضي نتيجة لزيادة الاستثمار في بناء عقار بهدف تأجيره. وفي حال تمكن المواطن من تملك عقاره الخاص سواء كان مدعوما بقرض بنكي أم حاصلا على فرصة استدانة، فإنه يتوجه لبناء عقاره آخذا بعين الاعتبار تصميمه بشكل يجعله قابلا للتأجير أيضا، وذلك

لسد التكاليف التي يدين بها للدائنين، أو لتوفير مصدر دخل يكفل سداد مصاريفه الثانوية.

– كلمة على الهامش –

"يتعامل كثير من الناس مع مفهوم الضرائب بشكل سلبي وبصورة تشاؤمية، إذ يرون أن السبب في سن قانون الضرائب ينحصر في كونها – أي الضرائب – أداة حكومية تقوم أساسا على سياسة سحب النقد من جيب المواطن. لكن الأمر مختلف كليا عن هذا الاعتقاد البسيط، فهو يعتمد في الدرجة الأولى على طريقة تطبيق هذه الأداة وآليتها. وتطبق كثير من الدول حول العالم قانون الضرائب، ولكنها تختلف فيما بينها في هدفها منه، وطريقتها في حسابه، وفي قنوات استخدامها لما تجنيه منه اختلافا تاما لا مجال للمقارنة فيه. وبعض من هذه الدول تسن الضرائب بغية استخدام عوائدها كمدخول إضافي يصرف لمصالح الدولة، في حين أن دولا أخرى تضع الضرائب بهدف استخدام عوائدها كأداة في مجال إدارة موارد الدولة. وبين هذا وذاك، فإن دولة الكويت وحتى وقت ليس ببعيد، لم تكن إحدى تلك الدول التي تحتاج إلى مدخول إضافي يتم تحصيله عن طريق الضرائب. ولعل السبب الرئيسي في ذلك يعود إلى أن العائد من الإنتاج النفطي الكويتي يتفوق بدرجات كبيرة على المدخول المحقق من الضرائب، وبالتالي تكون أمام خزينة الدولة خيارات بديلة أفضل كإنشاء مصدر دخل جديد. إلا أن الدولة، من جانب

آخر، قد تحتاج إلى دخل كهذا من أجل إدارة موارد الدولة بين المواطنين.

يعد العقار في الكويت من أكثر السلع تضخما على مستوى الدولة. وهنا تأتي أولوية دراسة إدارة صفقات هذه السلعة بشكل أهم وأكبر من دراسة غيرها من السلع، فعندما ينوي المواطن شراء أرض سكنية، تماشيا مع الأولويات التي يضعها ليخطو أولى خطوات حياته لإنشاء أسرة، فإنه يضطر حينها إلى دفع مبلغ لصالح صاحب الأرض حتى يضمن انتقال الملكية إليه. وبعد إتمام هذه الصفقة تكون الأرض ملكه وملك ورثته إلى أن يتم بيعها إلى شخص آخر. إن المبلغ الذي دفعه المشتري للبائع بغرض نقل ملكية الأرض إليه يعد مبلغا ضخما يقدر بأرقام لا يستهان بها اليوم، وقد شهدت أسعار الأراضي ارتفاعات عدة في السنوات القليلة الماضية. وبطبيعة الحال، فإن أسعار الأراضي في الكويت، التي هي بمساحة ألف متر مربع، متفاوتة تبعا إلى عدة متغيرات، منها: المنطقة السكنية، وعدد الشوارع المحيطة بالأرض، ومدى قرب الخدمات والمرافق منها، وما إلى ذلك من مواصفات ومميزات تختلف وفقا لما يفضله شخص من آخر. إذ افترضنا أن معدل سعر الأراضي ذات الألف متر مربع هو «ص»، وهي عدد أمثال الراتب بالدينار كويتي، وعدد الأراضي المتداولة هو «س»، وهما ما تم التوصل لهما في نقطة تلاقي العرض والطلب على الأراضي.

إن الذي يحتاجه سوق العقار اليوم ليكون سوقا صحيا هو تراجع أسعار الأراضي حتى تصل لمعدل السعر المقبول الذي يستطيع المواطن تحمله، هذا الأمر سيكفل زيادة كمية عمليات شراء الأراضي بشكل أكبر، مما سيتيح للمواطنين تملك المنازل بدلا من إشغالها بشكل مؤقت، وهو ما يكلفهم إيجارا شهريا، ويخفض من مستواهم المعيشي، كما يحمل الدولة تكلفة عالية، ويثقل عاتقها بعبء توفير المنازل السكنية لهذه الأسر.

ولتحقيق هذا الهدف وتقليل ما يتبعه من تكاليف حكومية، وضمان حياة كريمة للمواطنين، فإن ما علينا تطبيقه هو سن قانون الضرائب على العقار، وبآلية تكفل أن يوفر المقبل على شراء أرض قيمتها، في حين أن «جـ» هي عدد أمثال الراتب بالدينار الكويتي في وقت شراء الأرض، أضف إليه تحمل المشتري دفع ضريبة سنوية بقيمة دينار واحد لكل متر يتملكه. وتبعا لذلك، فلا شك من أن كمية المعروض من الأراضي ستزداد بشكل تدريجي إلى أن تثبت في وقت ما. ومن ناحية أخرى، فإننا نلاحظ ثبات كمية الطلب في ظل افتراض أن عدد الراغبين في تملك منازل لأسرهم لم يتغير على نحو يذكر لا في ازدياد أو نقصان. ولعل السبب الجوهري في زيادة العرض هذا هو ظهور قيمة لعامل الوقت تؤخذ في الحسبان، وتؤثر على العملية الحسابية. فالضريبة يتم تحصيلها بشكل سنوي، أما ملاك الأراضي غير المستغلة فهم كذلك بدورهم سيضطرون

إلى بيع أراضيهم لتفادي دفع الضريبة السنوية. وبناء على المعطيات المذكورة أعلاه، فقد أصبح لدينا نقطة تلاق جديدة لكل من العرض والطلب، التي تكون بها قيمة الأرض تعادل «جـ» أمثال الراتب بالدينار الكويتي، وهي أدنى من قيمة «ص». أما قيمة «ت» فهي الكمية المتداولة من الأراضي، وهي أعلى من قيمة «س».

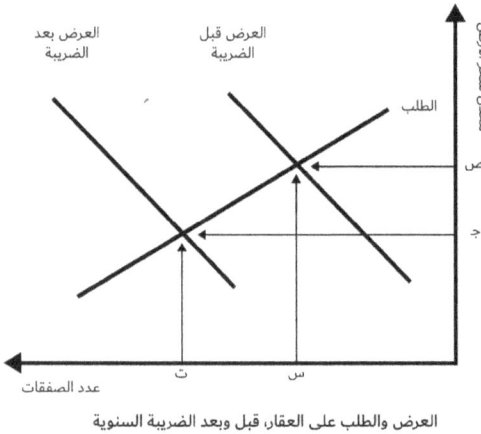

العرض والطلب على العقار، قبل وبعد الضريبة السنوية

وبما أن العامل المؤثر هو قيمة الضريبة السنوية، فلا شك من أن الارتفاع في تلك القيمة على نحو متزايد يسهم في خفض أكبر لسعر الأراضي، ورفع أكبر في كمية صفقات العقار، والعكس بالعكس." – *(ضريبة العقار كنز يجب اعتباره، ٢٠١٢)*

٣-٣: رسوم الأراضي البيضاء

يبدو من اللافت أنه بالرغم من أن هدف رفع نسبة تملك الأسر للمساكن يعد من أهم الأهداف الرئيسية لرؤية ٢٠٣٠ إلا أن مبادرات حله ظهرت قبيل إعلان رؤية ٢٠٣٠. وكان هذا متمثلا فيما تم فرضه من قرار رسوم الأراضي البيضاء في نوفمبر ٢٠١٥. وبناء عليه أعلنت وزارة الإسكان في ٨ مايو ٢٠١٦ تفاصيل الرسوم السنوية التي ستفرض على الأراضي البيضاء على النحو التالي:

– اللائحة التنفيذية لنظام رسوم الأراضي البيضاء –

"

– الفصل الأول –

تعريفات

المادة الأولى:

لأغراض هذه اللائحة يكون للكلمات والعبارات الآتية – أينما وردت فيها – المعاني الموضحة أمام كل منها، ما لم يقتض السياق غير ذلك:

– الوزير: وزير الإسكان.

– الوزارة: وزارة الإسكان.

– النظام: نظام رسوم الأراضي البيضاء.

- اللائحة: اللائحة التنفيذية للنظام.

- الأرض فضاء: الأرض التي لم تتم عمرانيا للغرض المخصصة له، وذلك وفق الأنظمة واللوائح ذات العلاقة السارية وقت الإعلان.

- الأراضي البيضاء: كل أرض فضاء مخصصة للاستخدام السكني، أو السكني التجاري؛ داخل حدود النطاق العمراني.

- المكلف: الشخص ذو الصفة الطبيعية أو الاعتبارية المسجل باسمه وثيقة إثبات ملكية الأرض الخاضعة للرسم وقت صدور القرار الخاص بها، ويشمل ذلك ورثته أو خلفه.

- الإعلان: الإعلان الصادر من الوزارة في شأن الأراضي الخاضعة للرسم ضمن مرحلة من مراحل البرنامج الزمني، وفق ما هو محدد في المادة (السادسة) من اللائحة.

- الأرض المطورة: الأرض الفضاء التي اعتمد تخطيطها بشكل نهائي من الجهة المختصة.

- تنمية عمرانية: بالنسبة للأرض غير المطورة؛ هي استكمال تنفيذ تطويرها بما يتفق مع المتطلبات التنظيمية وقت اعتماد مخططها، وبالنسبة للأرض المطورة؛ هي استكمال بناء منشآت سكنية عليها - عدا التسوير وما في حكمه - بما يتفق مع ترخيص البناء الصادر لها.

– القرار: القرار الصادر عن وزير بإخضاع أرض معينة لتطبيق الرسم.

– مدينة: أي تجمع للسكان، سواء أكان مدينة أم محافظة أم مركزا.

– حدود النطاق العمراني: الخطوط المبينة بخرائط وثائق النطاق العمراني وفق قواعد تحديد النطاق العمراني المعتمدة، التي توضح مراحل التنمية العمرانية المختلفة، وحد حماية التنمية، وتمثل الحدود الملائمة لتوطين الأنشطة الحضرية، واستيعاب النمو العمراني خلال فترة زمنية محددة.

– المرافق العامة: شبكات الطرق والمياه والكهرباء والاتصالات والصرف الصحي وتصريف السيول.

– الخدمات العامة: الخدمات الدينية والتعليمية والصحية والأمنية ونحوها؛ التي لا تشملها النسبة النظامية للتخطيط.

– الفصل الثاني –

الأراضي الخاضعة للرسم

المادة الثانية:

١. المرجع في تحديد النطاق العمراني وفي تخصيص استخدامات الأراضي؛ هو خرائط تحديد النطاق العمراني

والمخططات التفصيلية الصادرة من الجهات المختصة تطبيقا لها.

٢. يترتب على تعديل أو تغيير النطاق العمراني لأي مدينة تغيير النطاق المكاني لتطبيق الرسم تبعا لذلك.

المادة الثالثة:

١. تشكل في الوزارة – بقرار من الوزير – لجنة (أو أكثر) لا يقل عدد أعضائها عن ثلاثة، يكون أحدهم من المقيمين في الهيئة السعودية للمقيمين المعتمدين.

٢. يشترط في أعضاء اللجنة توافر الخبرة الكافية للقيام بأعمال تقدير العقارات، وتكون مدة العضوية في اللجنة (ثلاث) سنوات قابلة للتجديد.

٣. تتولى اللجنة تقدير القيمة العادلة للأرض الخاضعة لتطبيق الرسم، وذلك وفقا للمعايير والضوابط المنصوص عليها في النظام واللائحة، وتصدر قراراتها بالأغلبية.

٤. تصدر قواعد عمل اللجنة وإجراءاتها ومكافآت أعضائها بقرار من الوزير.

المادة الرابعة:

يكون تقدير قيمة الأرض الخاضعة لتطبيق الرسم على أساس قيمتها في تاريخ الإعلان، وذلك وفق المعايير التالية:

١. موقع الأرض ضمن حدود النطاق العمراني.

٢. استخداماتها.

٣. تضاريسها.

٤. أنظمة البناء المطبقة عليها.

٥. معامل توافر الخدمات العامة فيها، ووصول المرافق العامة إليها.

٦. الأنشطة والاستخدامات التجارية والصناعية والاجتماعية المحيطة بها ذات الأثر في الاستخدام السكني.

المادة الخامسة:

١. لغرض تقدير قيمة الأرض الخاضعة لتطبيق الرسم؛ يكون تحديد معامل توافر الخدمات العامة فيها، ووصول المرافق العامة إليها وفقا لما يلي:

أ. تحديد الخدمات العامة والمرافق العامة المؤثر توافرها في تقدير قيمة الأرض.

ب. تحديد وزن كل خدمة أو مرفق بحسب ضرورته للسكن.

ج. لا يتغيّر وزن الخدمة أو المرفق في المدينة الواحدة.

٢. للوزارة إجراء مراجعة دورية لوزن الخدمة أو المرفق، على أن تحسب مجموع الأوزان لتقدير القيمة الأساسية للأرض وفق معادلة خاصة توضع لهذا الغرض من قبل الوزارة.

– الفصل الثالث –

ضوابط تطبيق الرسوم

المادة السادسة:

١. يكون تطبيق الرسم على الأراضي الخاضعة لتطبيق الرسم، وفق المراحل الآتية:

أ. المرحلة الأولى: الأراضي غير المطورة بمساحة عشرة آلاف متر مربع فأكثر، والواقعة ضمن النطاق الذي تحدده الوزارة.

ب. المرحلة الثانية: الأراضي المطورة العائدة لمالك واحد في مخطط معتمد واحد، ما دام مجموع مساحتها يزيد على عشرة آلاف متر مربع.

ج. المرحلة الثالثة: الأراضي المطورة العائدة لمالك واحد في مخطط معتمد واحد، ما دام مجموع مساحتها يزيد على خمسة آلاف متر مربع.

د. المرحلة الرابعة: الأراضي المطورة العائدة لمالك واحد في مدينة واحدة، ما دام مجموع مساحتها يزيد على عشرة آلاف متر مربع.

٢. إذا لم تنطبق مرحلة معينة على أي من المدن، أو لم تكف الأراضي ضمن مرحلة معينة لتحقيق التوازن المطلوب بين العرض والطلب، فيجوز – بقرار من الوزير– تجاوز تلك المرحلة والانتقال إلى المرحلة التالية.

المادة السابعة:

يطبق الرسم وفق البرنامج الزمني الآتي:

١. يكون الإعلان عن خضوع أي مدينة لتطبيق الرسوم، بناء على مدى الحاجة لزيادة معروض الأراضي المطورة فيها.

٢. تقوم الوزارة بشكل دوري بإجراء مراجعة للوضع في أي مدينة؛ لتقرير تطبيق الرسم على الأراضي فيها، أو لتعليق التطبيق، أو لتجاوز مرحلة معينة والانتقال إلى أي من المراحل التالية في نفس المدينة، وذلك وفق التفصيل المبين في المادة (السادسة) من اللائحة.

المادة الثامنة:

يشترط لإخضاع أرض معينة لتطبيق الرسم ما يلي:

١. أن تكون أرضا فضاء.

٢. أن تكون داخل حدود النطاق العمراني.

٣. أن تكون مخصصة للاستخدام السكني أو السكني التجاري حسب المخطط المعتمد الصادر عن الجهة المختصة.

٤. أن تكون ضمن فئة الأراضي الخاضعة لتطبيق الرسم وفق ما هو مبين في المادة (السادسة) من اللائحة.

المادة التاسعة:

١. لا يطبق الرسم على الأرض الخاضعة للتطبيق في أي من الحالات الآتية:

أ. انتفاء أي من اشتراطات تطبيق الرسم الواردة في المادة (الثامنة) من اللائحة.

ب. وجود مانع يحول دون تصرف مالك الأرض فيها، بشرط ألا يكون المكلف متسببا أو مشاركا في قيام المانع.

ج. وجود عائق يحول دون صدور التراخيص والموافقات اللازمة لتطوير الأرض أو بنائها، بشرط ألا يكون المكلف متسببا أو مشاركا في قيام العائق.

د. إنجاز تطوير الأرض أو بنائها خلال سنة من تاريخ صدور القرار.

٢. إذا توقف تطبيق الرسم على جزء من الأرض، فيطبق على الجزء المتبقي منها متى ما كان ذلك الجزء يدخل ضمن الفئة الخاضعة لتطبيق الرسم وكان بإمكان المكلف التصرف فيه.

المادة العاشرة:

تتخذ الوزارة الإجراءات اللازمة لضمان تطبيق الرسم بعدالة، ومنع التهرب من دفعه، ومنها:

١. توحيد معايير التطبيق والتقييم في جميع المناطق والمدن والفئات المستهدفة.

٢. وضع الآليات اللازمة للتحقق من صحة البيانات المقدمة عن الأرض أو المكلف، وذلك بالتنسيق مع الجهات ذات العلاقة.

٣. اعتبار جميع المخاطبات والقرارات والبلاغات الموجهة إلى المكلف منتجة لآثارها بمجرد تبليغها إلى أي من العناوين التي حددها.

٤. التنسيق مع الجهات المعنية لضمان عدم استغلال تغيير استخدامات الأرض – بعد صدور الإعلان الذي يشملها – للتهرب من دفع الرسم.

– الفصل الرابع –

التواصل مع المكلفين

المادة الحادية عشرة:

١. يرفق بالإعلان مخطط يبين النطاق الجغرافي المحدد للأراضي المستهدفة بتطبيق الرسم.

٢. ينشر الإعلان في صحيفتين من الصحف اليومية، وفي الموقع الإلكتروني للوزارة.

المادة الثانية عشرة:

١. تحدد الوزارة الوثائق والبيانات المطلوب من المكلف تقديمها.

٢. يجب أن يتضمن تبليغ المكلف بالقرار الخاص بأرضه – كحد أدنى – البيانات الآتية:

أ. اسم المكلف ورقم سجله المدني أو سجله التجاري.

ب. رقم وثيقة إثبات ملكية الأرض.

ج. موقع الأرض.

د. المستند النظامي للقرار.

هـ. مقدار الرسم المستحق.

و. موعد تسديد الرسم.

ز. وسيلة تسديد الرسم.

ح. ما يترتب على عدم تسديد الرسم أو تأخير تسديده.

ط. حق المكلف في التظلم من القرار بحسب الإجراءات النظامية.

المادة الثالثة عشر:

١. يجب أن تكون جميع المخاطبات والإشعارات الصادرة للمكلف مكتوبة.

٢. يجب أن يشتمل عنوان التواصل الذي يحدده المكلف على أرقام الاتصال الهاتفي، وعنوانه الوطني.

– الفصل الخامس –

تحصيل الرسوم

المادة الرابعة عشر:

١. المكلف هو الملزم بسداد الرسم وأي غرامة تترتب على مخالفة أحكام النظام أو اللائحة.

٢. لا يؤثر استحصال الرسم بأثر رجعي عن مدد سابقة في تطبيق أي غرامة ناتجة عن تخلف المكلف عن التسديد أو التقدم بالوثائق المطلوبة نظاماً.

٣. على المكلف سداد قيمة الرسم خلال مدة لا تتجاوز سنة من تاريخ القرار.

٤. إذا أكمل المكلف تطوير الأرض أو بناءها خلال فترة السنة – المشار إليها في الفقرة الفرعية (د) من الفقرة (١) من المادة (التاسعة) من اللائحة – بعد سداده للرسم، فيعاد له ما دفعه عن تلك السنة.

٥. لا يؤثر عدم سداد الرسم في حق المكلف بالتصرف في الأرض أو تطويرها.

المادة الخامسة عشر:

١. يبلغ المكلف بمقدار الرسم المستحق عليه، أو بأي غرامة قد تترتب على مخالفته للنظام أو اللائحة، وذلك وفقاً لآليات التبليغ المحددة في اللائحة.

٢. تحصّل الرسومات المستحقة، وأي غرامة مترتبة على مخالفة النظام أو اللائحة وفق إجراءات التحصيل المحددة في نظام إيرادات الدولة ولائحته التنفيذية.

٣. تتولى الوزارة تحصيل الرسوم المستحقة، وأي غرامة مترتبة على مخالفة النظام أو اللائحة، وذلك بأي وسيلة تراها مناسبة، ولها أن تستعين لتحقيق هذا الغرض بالقطاع الخاص.

٤. تحدد الوزارة أوجه الصرف – من الحساب الخاص بمبالغ الرسوم والغرامات المحصلة – على مشروعات الإسكان، وإيصال المرافق العامة إليها، وتوفير الخدمات العامة فيها.

المادة السادسة عشر:

إذا كانت الأرض الخاضعة لتطبيق الرسم يملكها أكثر من شخص سواء من ذوي الصفة الطبيعية أو الاعتبارية، فيكون كل منهم ملزما بسداد جزء من الرسم بقدر حصته من ملكية الأرض.

– الفصل السادس –

أحكام عامة

المادة السابعة عشر:

تعمل الوزارة على التنسيق المستمر مع الجهات ذات العلاقة في سبيل تنفيذ أحكام النظام واللائحة، بما يضمن تحقيق الأهداف من تطبيق الرسوم على الأراضي البيضاء.

المادة الثامنة عشر:

– "يصدر الوزير ما يلزم من قرارات لتنفيذ أحكام اللائحة." *(اللائحة التنفيذية لنظام رسوم الأراضي البيضاء، ٢٠١٦)*

وعلى أننا نجد في آلية العمل بهذه اللائحة ما يسمها بالبيروقراطية، إلا أن آلية تحديد الضريبة بناء على قيمة الأرض

يعد أمرا مهنيا للغاية، إذ به يمكن تطبيق مفهوم التحوط الذي يكفل الحد من تلاعب تجار العقار، وجعل مسألة الرسوم إضافة للسعر فحسب، بحيث لا يكون لها مساس بالقيمة قطعيا. ولا شك من أنه ستكون هناك عوائد محققة تبعا لتطبيق هذه الآلية، تفوق هذه العوائد ما قد يتم توفيره في حال تم تطبيق الرسوم بشكل ثابت على المساحة فقط. وبالرغم من أنه سيكون لتلك الرسوم دور فاعل في زيادة المعروض من الأراضي البيضاء، إلا أنها ستسهم، حتما، في خفض كمية المعروض من العقارات المشيدة. وبذلك تتحول الندرة في كمية الأراضي إلى ندرة في كمية العقار المشيد.

"رسوم الأراضي البيضاء تحول الندرة في الأراضي إلى ندرة العقار المشيد"

وفي نهاية الأمر، فإن الهدف الأساسي الذي كان محل عناية رؤية ٢٠٣٠ يتلخص في رفع نسبة تملك الأسر للمساكن، بصرف النظر عما إذا كان أصل المسكن أرضا، أو عقارا صالحا للسكن. وبهذه الصورة، نلحظ اعتماد نسبة التملك اعتمادا كليا على إجمالي المعروض من الأراضي والعقارات المشيدة. أما في حال ارتفاع كمية المعروض من الأراضي، بالتزامن مع انخفاض كمية المعروض من العقارات المشيدة، فحينها يجب مراعاة نسبة كل من الارتفاع والانخفاض، إضافة إلى وزن كل منهما مقارنة بالإجمالي.

"إن كان الهدف هو رفع نسبة تملك الأسر للمساكن، فيجب أن يوضع نظام لرسوم المساكن الشاغرة ليسير جنبا إلى جنب مع نظام رسوم الأراضي البيضاء"

ولتوضيح ذلك، نتطرق لهذا المثال؛ لنفترض أن كمية المعروض من الأراضي يساوي ٢ مليون متر مربع، في حين أن كمية المعروض من العقارات الصالحة للسكن يساوي ٥٠٠ ألف متر مربع في نطاق عمراني واحد. وفي حال تطبيق رسوم الأراضي البيضاء تصبح كمية المعروض من الأراضي ٣ مليون متر مربع، فهل يعد الأمر مجديا إذا ما انخفضت كمية المعروض من العقارات الصالحة للسكن إلى ١٠٠ ألف متر مربع؟

فعلى الرغم من أن إجمالي الكمية المعروضة في ازدياد مستمر، كونها كانت قبل الرسوم تساوي ٢٫٥ مليون متر مربع، فيما تساوي بعد الرسوم ٣٫١ مليون متر مربع، إلا أن الانخفاض الذي حصل في سعر الأراضي زامنه ارتفاع في سعر العقار الصالح للسكن، إذ إن قيمة العقار المشيد بعد الرسوم قد أصبحت أعلى من قيمته قبل الرسوم. والسبب في ذلك يكمن وراء انخفاض كمية المعروض منها من ٥٠٠ ألف إلى ١٠٠ ألف.

ومما يستدعي الملاحظة وجود عوامل أخرى تؤثر هي الأخرى بدورها على سعر العقار الصالح للسكن. فإن محدودية الارتفاع بصورة مباشرة بعد البدء في تطبيق نظام رسوم الأراضي

البيضاء قد يكون نتيجة للعمل بالإجراءات التقشفية التي تعد من ضمن آلية تطبيق رؤية ٢٠٣٠. فلولا تلك الإجراءات لكان الارتفاع في سعر ذلك العقار جليا وواضحا للعيان.

ولكن، هل يمكن النظر إلى هذا الحل بعده الأكثر جدوى لإنهاء معضلة الإسكان التي يتكبد فيها المواطن المشاق في سبيل الحصول على مسكن يؤويه؟ فعوضا عن تعثر المواطن في سداد قروض ذات فوائد تعسفية عالية، أو إيجار مرتفع لا يرحم، يدفعه طيلة عمره، ماذا لو انخفض سعر المسكن، في حين يتم رفع قيمة الضريبة السنوية على كل متر سواء كان مترا في أرض بيضاء أم في أرض تم تشييدها، أم في أرض استثمارية؟ لا شك في أن المواطن سيرغب حينها بدفع ضريبة على مسكن يملكه من أن يدفع مبلغا يضاهيه على مسكن لا يملكه الآن!

* * *

الفصل الرابع

أرامكو السعودية

كان للشبكة الإعلامية «ذي إيكونوميست» قصب السبق في إعلان خطة القيادة السعودية المزمع تنفيذها بخصوص الإدراج العام لشركة أرامكو السعودية، التي تم الإفصاح عنها في ٦ يناير ٢٠١٦، أي قبل الموعد الرسمي لإعلان رؤية المملكة ٢٠٣٠، وذلك بنشر نسخة مطبوعة طبق الأصل للقائهم في ٤ يناير ٢٠١٨ مع صاحب السمو الملكي الأمير محمد بن سلمان بن عبدالعزيز آل سعود، ولي العهد نائب رئيس مجلس الوزراء، رئيس مجلس الشؤون الاقتصادية والتنمية.

وقد تطرق سموه بحديثه في ذلك اللقاء، بشكل رئيسي، إلى الإصلاحات في الجانب السياسي، لا سيما الإصلاحات الداخلية، مثل بعض الإجراءات القانونية التي قد تعارض مصالح فارسية. سلط هذا اللقاء الضوء على كل ما يخص الإصلاحات الاقتصادية المقبلة، وآليات العمل بها. وأخذ تناوله لهذه الإصلاحات طابعا مركزا ومعمقا، ابتداء بقضية انخفاض سعر برميل النفط، ووصولا إلى وجهة نظر القيادة في موضوع الخصخصة، وتنويع مصادر الدخل والأنواع المختلفة من الضرائب.

"هل يمكنك تخيل بيع حصص في الشركة السعودية أرامكو؟" سؤال تم توجيهه لسمو الأمير محمد بن سلمان، وكان لإجابته دور كبير وتأثير جلي في قلب قواعد اللعبة الاقتصادية وما يتبعها. فقد أجاب مسترسلا: "هذا أمر جاري مراجعته، ونعتقد بأن قراره سيتم اتخاذه خلال الأشهر القليلة القادمة.

شخصيا، أنا متحمس لهذه الخطوة. أعتقد بأنها ستصب في صالح السوق السعودي وأرامكو السعودية، بالإضافة إلى صالح محفزات الشفافية ومحبطات الفساد إن وجد حول الشركة."

هذه الإجابة الوجيزة أسست زاوية نظر جديدة ذات أبعاد مختلفة في المحافل الاقتصادية؛ على النطاقين المحلي والعالمي. لتجد من آمن بنضج هذا التوجه، فيما وقف غيره، في الوقت نفسه، موقفا ينتقد فيه هذا القرار نتيجة لتأثره بتحليلات تم وضعها على أساس ما تراكم من خبرة حول تصرفات القيادات السابقة. لم يكن هنالك أي معطيات أو أخبار تفوق ما قاله سمو الأمير، وبناء على ذلك فإنه لا يمكن التيقن فيما إذا كان قرار مماثل كهذا يصب نفعه في الصالح العام أم لا. هذه الاختلافات والمفارقات التوجهية أحدثت فجوة كبيرة بين آراء كتاب الاقتصاد.

٤-١: الإدراج

إن الوسيلة الوحيدة لبيع حصص شركة عملاقة كأرامكو السعودية هي إدراجها في إحدى الأسواق العالمية التي بها يتم تحويل كيان الشركة من شركة مساهمة مغلقة، أو شركة ذات مسؤولية محدودة، أو شركة وطنية، إلى شركة مساهمة مفتوحة. وتبدأ عملية الإدراج هذه وفقا لآلية متعارف عليها عالميا، ابتداء بالطرح المبدئي الأولي الذي تتم به الصفقات الأولية في شراء

الحصص، وانتهاء بتداول تلك الحصص في إحدى الأسواق العالمية.

"أرامكو شركة تابعة لمحفظة سيادية"

تتشارك الأسواق العالمية منظومة من القوانين الأساسية المتشابهة، لكنها تفترق فيما بينها بقوانين ثانوية مختلفة. ومما لا شك فيه أن شركة أرامكو السعودية هي شركة تختلف بأنظمتها وملكيتها عن بقية الجهات، كونها تابعة لمحفظة سيادية، الأمر الذي يضع أرامكو في مواجهة عقبات ومعوقات تنتج عن قوانين الأسواق العالمية العامة، مثل سياسات الإفشاء عن القوائم المالية، وسياسات الشفافية كذلك.

وهو ما يدفع اليوم إلى أن تبقى التساؤلات متعلقة فيما إذا كان الإدراج سيتم في السوق السعودية أو في سوق أخرى، وفيما إذا كانت أرامكو السعودية في آلية إدراجها ستعامل معاملة مماثلة لبقية الشركات الأخرى المدرجة من قبل هيئة أسواق المال، والمعنية في إدارة سياسات الإدراج والتداول والإفشاء. فتلك السياسات تحد من تضارب المصالح، في دأبها لإيجاد سوق صحي يسعى إلى نيل ثقة المستثمر به. ودخول أرامكو في سوق يسعى لنيل ثقة المستثمر أمر يثير الشك فيما إذا كان ذلك الأمر كفيلا بإضعاف مركز القيادة السعودية، لاسيما إذا ما اضطرت إلى استخدام أرامكو السعودية كسلاح اقتصادي. فما

هي قيمة الفائدة المرجوة؟ وما هي قيمة الخسارة المتوقعة؟ لا شك في أن إدراج أرامكو السعودية له دور في زيادة الوفرة المالية التي تساعد في تعزيز استثمارات المملكة، محليا وعالميا. ولكن الأمر المتعلق بالجدوى يتلخص فيما إذا كانت ذات قيمة أعلى بكثير من ذلك، أو أن تكون على النقيض؛ بلا قيمة، مرتبة خسائر فادحة في ذلك الحين. فالأمر بحد ذاته لم يكن قابلا للتحليل آنذاك؛ نظرا إلى قلة المعطيات.

أتى اللقاء التالي من قبل شبكة «بلومبيرغ» مع سمو الأمير محمد بن سلمان في ٤ أبريل ٢٠١٦، الذي تم به التصريح كذلك عن الموعد الرسمي لإعلان رؤية ٢٠٣٠. في هذا اللقاء ظهر الدور البارز لصندوق الاستثمارات العامة في آليات الإصلاح الاقتصادي المعني بالتوجه الاستثماري ذي الأفق العالي لقيادة المملكة العربية السعودية. أما الجزئية التي ناقشت جانب الإدراج لأرامكو السعودية فكانت على النحو التالي:

" – بلومبيرغ: ترغب في خصخصة أرامكو السعودية أو بيع حصص بها في السنة المقبلة، أي ٢٠١٧؟

– الأمير: أسعى لدفع عجلة الأمر ليكون في ٢٠١٧. ليست أرامكو فقط أو صندوق الاستثمارات العامة سيحقق عائدا على هذه الخطوة، بل حتما الاقتصاد السعودي بشكل كامل. إن صندوق الاستثمارات العامة سيصبح أكبر صندوق

استثماري على وجه الأرض فور نقل ملكية أرامكو إليه. أرامكو يمكنها تحقيق نتائج أخرى تصب في صالح الاقتصاد. العديد كان يقول بأن فكرة إدراج أرامكو أتت من أجل تحقيق السيولة التي من خلالها يمكن سد الاحتياجات المالية للمملكة، ولكن هذا بعيد كل البعد عن الصحة. الهدف هو تنويع مصدر الدخل. هذا هو الهدف الأساسي. بذلك، فإن تحويل ملكية أرامكو إلى صندوق الاستثمارات العامة سيقوم بدوره التقني في جعل عائد الاستثمار المصدر لإيرادات الحكومة السعودية، وليس النفط. ولكن، النفط هو الاستثمار الحالي لأرامكو والصندوق. فما تبقى هو تنويع الاستثمار. فخلال ٢٠ سنة القادمة، سيصبح الاقتصاد السعودي اقتصادا غير معتمد على النفط، سواء كان من أرباح صندوق الاستثمارات العامة أو من مصادر أخرى قد تم استهدافها. فهذه إحدى عوائد الإدراج، لا سيما العوائد التي ستصب في صالح الاقتصاد السعودي، بالإضافة إلى مدى التأثير الإيجابي لخطوة مماثلة على استمرارية أرامكو في التوسع.

– بلومبيرغ: خطة سموك هي في إدراج أرامكو السعودية في المملكة العربية السعودية، ومتاحة للاستثمار من قبل رؤوس الأموال الأجنبية؟

– الأمير: بلا أدنى شك.

– بلومبيرغ: وخطتك هي إدراج أرامكو السعودية بشكل كامل وليس حصري على إدراج المصافي؟

– الأمير: سيتم إدراج الشركة الأم وبعض الشركات التابعة. كما سيتم أيضا إعلان الاستراتيجية الجديدة للشركة، وسيتم تحويلها من شركة نفط وغاز إلى شركة طاقة وصناعية.

– بلومبيرغ: هل يمكنك الإدلاء عن الحجم؟ هل سيكون حجم الأصول الصناعية الجديدة التي تسير وفق تيار الاستراتيجية مساوية لحجم الإنتاج الحالي الذي يسير عكس هذا التيار؟

– الأمير: إننا نستهدف مشاريع عدة. فالأهم هو تشييد أول مصدر للطاقة الشمسية في المملكة. أرامكو حاليا تعد أكبر شركة في العالم، ولديها القدرة على التحكم في شكل الطاقة المستقبلية، والتي سيتم استخدامها اليوم لتحقيق هذا الأمر. نود أن نطور سوق البتروكيماويات الذي يعتمد حاليا على النفط ومشتقاته، إضافة إلى بعض الصناعات التي سيتم تشييدها. فعلى سبيل المثال، يمكننا إنشاء شركة إنشاءات كبرى تحت الشركة الأم أرامكو، ويتم إدراجها لتقوم بدورها في تلبية احتياجات أرامكو الإنشائية في السعودية. فجميع تلك المشاريع التي سيتم الإعلان عنها هي التي بدورها تنقل أرامكو السعودية من شركة نفط وغاز إلى شركة طاقة

وصناعية." – (لقاء صاحب السمو الملكي الأمير محمد بن سلمان مع بلومبيرغ، ٢٠١٦)

كان لشركة «سابك» نصيب كبير في هذا اللقاء، وبطبيعة الحال، فإن شركة سابك هي واحدة من مجموعة الشركات السعودية العملاقة التي تملك الحكومة السعودية فيها حصة كبيرة. ولكن، ما كان لسياق الحديث في ذلك اللقاء إلا أن يعود للتركيز على قيمة أرامكو السعودية.

" – بلومبيرغ: بقولك أن صندوق الاستثمارات العامة سيصبح أكبر صندوق في العالم، ما الحجم الذي يمكن التوصل إليه، ومتى يمكن الوصول إليه؟

– الأمير: أنا على يقين بأننا سنصل إلى هذا الحجم فور إدراج أرامكو السعودية.

– بلومبيرغ: وما هي قيمة هذا الحجم؟

– الأمير: يصعب تقييم أرامكو السعودية الآن، ولكننا نعمل على ذلك. وعلى الرغم من ذلك فإننا على يقين بأن حجمه سيفوق حجم أكبر صندوق استثماري على وجه الأرض، بحيث تتجاوز قيمة صندوق الاستثمارات العامة ٢ تريليون دولار أمريكي.

– بلومبيرغ: وكم هي النسبة التي سيتم إدراجها من أرامكو في البداية؟

– الأمير: نتحدث عن أقل من ٥٪.

– بلومبيرغ: وهل سيكون الإدراج في ٢٠١٧؟

– الأمير: نحن نسعى لتحقيق ذلك، ولكننا على يقين بأنها ستكون مدرجة في عام ٢٠١٨." – *(لقاء صاحب السمو الملكي الأمير محمد بن سلمان مع بلومبيرغ، ٢٠١٦)*

وعلى الصعيدين المحلي والعالمي، فقد حظي هذا اللقاء باهتمام كبير ونال صدى واسعا جاوز فيه أصداء لقاء «ذي إيكونوميست»؛ نظرا للتفاصيل القيمة التي طرحها سمو الأمير في هذا اللقاء ولم يشر إليها فيما سبقه. لقد بدت الآراء متباينة أمام الطرح إلا أنها لم تخل من الحكمة والنضج. فعلى الصعيد المحلي، ظهرت آراء تنتقد ذلك التوجه؛ بحجة افتراضها أن القيادة السعودية على وشك بيع ما في باطن أرضها من نفط تعادل قيمته ٢ تريليون دولار أمريكي، فيما ظن آخرون أن البيع سيكون لشركة تملك حق امتياز استخراج ما تملكه الدولة في باطنها. أما على الصعيد العالمي، فقد ظهرت آراء ذهب أصحابها للاعتقاد بأن القيمة الحقيقية لأرامكو لا تبلغ ما تم تقديره في حدود ٢ تريليون دولار أمريكي، وقد اتجه فريق آخر برأيه للاعتقاد بأن الوقت سابق لأوانه لبدء عملية تقييم الشركة. وبين هذا

وذاك، تبقى الافتراضات النظرية بغير جدوى إن لم تستند إلى تحليل علمي صحيح ومنطقي.

– كلمة على الهامش –

"تريليونا دولار أميركي هي ما تطمح إليه المملكة في تقييم شركتها الوطنية، بعد تحويلها من شركة نفط وغاز إلى شركة طاقة، باستراتيجية وهيكلة جديدة في عام ٢٠١٨، كخطوة استباقية لإدراج ٥٪ من أسهم الشركة للمستثمرين بقيمة ١٠٠ مليار دولار أميركي.

ففي الربع الأول من العام الحالي، قدرت شركة استشارية في مجال الطاقة «وود ماكنزي» الشركة الوطنية «أرامكو» بما قيمته ٤٠٠ مليار دولار، بتقييم استند إلى بعض المعلومات الداخلية، بالإضافة إلى حسابات سريعة للأصول الملموسة وحقوق الامتياز وإجمالي الاحتياطي، وتوقعات أسعار النفط وتكاليف التشغيل، وضريبة الدخل على الشركة، ومقارنتها بالمؤشرات العالمية لقطاع النفط والغاز.

هذا التقييم، الذي تم نشر خلاصة خطوطه العريضة في «بلومبيرغ»، هيأ لزاوية جديدة في النقاش، تتمحور حول تباين التقييم للشركة الوطنية «أرامكو». فالتساؤل هو: هل يمكن للإدارة الاقتصادية في المملكة تعزيز قيمة شركتها إلى تريليونين في سنة واحدة، إن صح تقييم «وود ماكنزي» لها؟ لا شك في أن

الجواب واضح وفق المنطق الاقتصادي. أما التساؤل الآخر فهو: هل تقييم «وود ماكنزي» للشركة يعد صحيحا، إن استطاعت الإدارة الاقتصادية للمملكة تعزيز قيمة تلك الشركة إلى تريليونين في سنة واحدة؟ لا شك أيضا في أن الجواب واضح تماما وفق المنطق نفسه!

عامل تقييم «وود ماكنزي» الشركة الوطنية «أرامكو» كما لو كانت أي شركة عشوائية تخدم في قطاع النفط والغاز، ولم يلتفت إلى أصولها المستقبلية غير الملموسة، كقوة المالك للحصة الأكبر بعد الإدراج «الصندوق السيادي السعودي» في التأثير على قرارات «أوبك»، والقرارات المتعلقة في الحصص السوقية. أضف إلى ذلك مدى جدية «أرامكو» في أن تخضع لقوانين حازمة في «حوكمة الشركات» التي تحد من قرارات تصب في مصلحة المالك الأكبر للشركة، وتتعارض في الوقت نفسه مع مصالح صغار المستثمرين في الـ ٥٪ المدرجة.

لا شك في أن ما استندت إليه «وود ماكنزي» دعم من قيمة الشركة، ولكن يجب وضع قيمة الأصل غير الملموس في الاعتبار كعامل لتلك القيمة، لتظهر لنا القيمة الحقيقية للشركة وفقا لوجهة نظر المستثمر. فإن صرحت «أرامكو» بأنها لن تخضع لأي قانون من قوانين «حوكمة الشركات» فشعور المستثمر بالمخاطرة الشديدة أمر بديهي؛ وهو ما يتسبب بانخفاض قيمة الشركة حسب منظور هذا المستثمر، والعكس صحيح.

لا يمكن لأي جهة كانت تقييم «أرامكو» على نحو دقيق إلا بعد نشر تلك الشركة لجميع جداولها الداخلية وآلية عملها واستراتيجيتها، والقطاعات التي ستخدمها، ومدى جديتها وحزمها في الخوض في «حوكمة الشركات»، ومدى التزام المالك للحصة الأكبر في استخدام موارده للتعزيز المستقبلي لقيمتها. والطلب على تلك الـ ٥٪ عندها هو ما سيحدد القيمة الحقيقية لتلك الشركة، «واللي بالجدر يطلعه الملاس»." – *(تقييم أرامكو السعودية، ٢٠١٧)*

٤-٢: سوق الإدراج

بعدما انكشف أفق الرؤية المتعلق بقرار إدراج أرامكو السعودية وبات واضحا للعلن، تمحورت الأسئلة الجوهرية حول ما إذا كانت القيادة ترى في عملية الإدراج قرارا مجديا ومنطقيا. وفي حين كانت تراه كذلك، وتعزم على اعتماده وتطبيقه، فهل ستتم عملية الإدراج داخل حدود المملكة أم خارجها في ظل الإشادة بدور القيادة الحكيم وسياستها الرصينة في رسم خططها ووضع منهجياتها؟ فهي تجدد استراتيجيتها على الدوام وفقا للمتغيرات الديناميكية، وبناء على آخر المعطيات الحديثة، ففي يناير ٢٠١٦، أعلنت القيادة العامة عن توجهها لدراسة إدراج الشركة، الأمر الذي عزز من التواصل بين القيادة والأطراف العالمية والمحلية القادرة على صنع تعاون تنتج عنه مصالح وفوائد مشتركة. لكن، وعلى الرغم من توافر المعطيات الجديدة

– تفاصيل أكثر عن جهات التعاون – إلا أن القيادة كانت قد أفصحت في أبريل ٢٠١٦، وبشكل غير محتوم، بأن الإدراج سيكون داخل المملكة. هذا الإفصاح أدى، بدوره، إلى الزيادة في اجتهاد الأسواق العالمية – نيويورك ولندن على وجه الخصوص –، في محاولة لتقديم أفضل حلول وخدمات الإدراج في أسواقها، واستخراج أحدث القوانين، وذلك في سبيل استقطاب إدراج أرامكو في أسواقها، وتقديم ميزة تنافسية تغري القيادة باختيارها. فلا شك من أن دخول أرامكو كشركة مساهمة في إحدى تلك الأسواق سيعزز من قيمة السوق وجاذبيته لأي مستثمر عالميا، مما يسهم في تعزيز ورفع إجمالي الاستثمار الأجنبي في اقتصاد هذا السوق. ولكن، فإن قانون «جاستا» كان له دور في التأثير على الرأي العام.

– كلمة على الهامش –

"دارت التساؤلات مؤخرا حول مدى جدوى إدراج أرامكو السعودية في الأسواق العالمية نظرا لكونها محركا للسوق ومتحكما رئيسيا به، كما انطلقت تساؤلات حيال ما نقل عن الصحف العالمية بشأن مخاوف الإدراج في بورصة نيويورك NYSE الناتج عن قانون «جاستا» المقر بأغلبية ساحقة في الكونغرس الذي أطاح بفيتو الرئيس السابق باراك أوباما، وقد بدا الأخير معارضا لهذا القانون، وعزا ذلك إلى كونه يؤثر على العلاقات السيادية بين دول العالم والولايات المتحدة. وأشارت

الصحف إلى بورصة لندن بديلا لبورصة نيويورك. وقبل التطرق لجدوى هذا الإدراج، هل يجب أن تتولد مخاوف تجاه قانون «جاستا» لو تم الإدراج في NYSE؟ أم أنها فرصة لصد هذا القانون عن المملكة العربية السعودية؟

«جاستا»؛ قانون العدالة ضد داعمي الإرهاب، يتيح لضحايا الهجمات الإرهابية في الولايات المتحدة مقاضاة الدول المشتبه بها في دعم تلك الهجمات. بالتالي، فإن خضوع سيادات تلك الدول لتحقيقات المحاكم قد يلحقه تجميد للأرصدة والأصول الخاصة بها، وهو تجميد قد يعطل مصالح تلك الدول، ويستخدم كورقة رابحة للضغط عليها سياسيا. إدراج أرامكو في بورصة NYSE – فنيا – هو نقل تدفقات نقدية من مستثمرين في السوق الأمريكي إلى صندوق الاستثمارات العامة الذي يدار من العاصمة السعودية الرياض، فما سيبقى في نيويورك عبارة عن صكوك ملكية للمستثمرين بقيمة تتحكم بها المملكة في أراضيها. ولقانون «جاستا» تأثير على المملكة سواء كان الإدراج لأرامكو في نيويورك أم لندن، وذلك في حال كان لأرامكو أصول في الولايات المتحدة فقط. وفي حال إدراج أرامكو في NYSE وتزامن ذلك مع قضايا تستغلها «جاستا» ضد المملكة فإن المتضرر الأول والأخير هم المستثمرون في NYSE حصرا، كونهم قد وضعوا ثقتهم بهذه السوق والشركات المدرجة به. استغلال هذا القانون ضد أرامكو سيترك أثرا سلبيا مباشرا في مؤشرات

NYSE التي هي قلب الاستثمار الأمريكي. ومما لا شك فيه أن هذا الأمر قد يكون شرارة لأزمة اقتصادية عالمية. أما المملكة فقد حولت سيولتها التي اقتنتها من مستثمري نيويورك إلى صندوقها في الرياض. لذلك، فإدراج أرامكو في نيويورك قد يكون بمثابة حاجز منيع يحول دون استخدام «جاستا» للضغط على المملكة العربية السعودية سياسيا.

أما التساؤلات الأخرى فتتمحور حول مدى الحاجة من الإدراج في الوقت الذي تشكل فيه أرامكو عماد سوق النفط، وباستطاعتها التحكم بالأسعار من خلال خفض الإنتاج! ولا شك في أن هذا التخفيض ستتبعه خسارة في الحصة السوقية، لصالح المنافس الآخر. استعادة تلك الحصة أمر صعب جدا، ويتطلب تنازلات قد تفوق قيمتها حجم الاستفادة في ارتفاع الأسعار، فلثبات الحصة السوقية يتوجب على جميع ملاك الحصص الكبيرة خفض إنتاجهم معا. فهل سيتم ذلك؟ بالطبع لا، لأن أرامكو «easy to fail»، وصناعة السوق لديها أتت بسبب عقود البيع فقط! أما إن كانت مدرجة في نيويورك فإن أي تأثير سلبي عليها يؤثر مباشرة على مؤشرات NYSE، الأمر الذي يجعل سياسيي الولايات المتحدة يقفون في صف أرامكو ضد مصدّري النفط في العالم من أجل مصالح أرامكو؛ لكيلا يتأثر الاقتصاد الأمريكي. هنا يمكن القول بأن أرامكو «too big to fail»،

لقدرتها على التحكم بقرارات منافسيها، أضف إلى ذلك حجم عقود البيع التي تملكها." - *(إدراج أرامكو وقانون جاستا، ٢٠١٧)*

إن ما يمكن استنتاجه هو أن هذا الإدراج يستخدم حاجة تلك الأسواق للقيمة السوقية لما سيتم إدراجه من أرامكو؛ من أجل تحقيق عائد يعزز قدرة التحكم في سوق النفط والغاز المدار من قبل القيادة السعودية. وتلك القدرة لن تتحقق إلا إن كانت حوكمة السوق ملائمة؛ أي تخضع لسيطرة أكبر من قبل المالك الأكبر للشركة المدرجة. فإن كان من شأن الحوكمة أن تحمي صغار المستثمرين من كبارها في الشركات المدرجة، فعلى تلك الحماية ألا تتعارض مع المصالح السيادية للمملكة العربية السعودية. كما يجب أن تتضمن هذه المصالح سياسات الدولة في شتى المجالات التي تصب في نهاية الأمر في صالح كيانها الخاص؛ أي اقتصادها. إن الرضوخ الأولي يأتي بحكم حاجة تلك الأسواق للقيمة السوقية، والرضوخ التالي يأتي بعد الإدراج، بسبب ضغوطات المستثمرين. فهل سيكون لأرامكو هذا التأثير فعلا؟

- كلمة على الهامش -

"في ظل الأوضاع السياسية المشحونة في المنطقة، يأتي الأمر الملكي السعودي الذي ينص على تشكيل لجنة عليا برئاسة ولي العهد؛ بغرض ملاحقة المتورطين في قضايا الفساد في سابقة

لم نعهد لها مثيلا. وعقب صدور الأمر الملكي بساعات، جرى الإعلان عن أسماء أمراء ووزراء ورجال أعمال وجهت لهم تهم غسيل أموال وقضايا فساد مختلفة، تم على إثره إلقاء القبض عليهم وإحالتهم للتحقيق.

وقد كان من باب سلامة الرأي في حينها النأي بالنفس عن الوقوع في شرك التأويلات وتداول الشائعات التي تشير بأصابع الاتهام وتشيع الظنون، هذه الأقاويل والشائعات تعد من وجهة نظري أشبه بالإسرائيليات التي لا تصدق ولا تكذب رغم انتشارها وشيوعها بين الناس، وذلك أنها لم تنبع إلا من نظرة سلبية قاصرة. وأكرر – كما أشرت سابقا – القول بأن الإصلاح الاقتصادي المزمع تحقيقه في المملكة العربية السعودية ما كان ليتحقق لولا تطبيق بعض القرارات القاسية اجتماعيا وسياسيا وثقافيا، وهذا ما نشهده الآن، ويشير إلى فعالية الآلية المتبعة لتحقيق الإصلاح. فلو قارنا الوضع الراهن بالوضع قبل أسبوع من هذا القرار فقط، حينما كنا نستاء من محاسبة التاجر الصغير وإغفال النظر عن تعاملات من هو أكبر منه من تجار متغولين ومسؤولين ذوي سلطة ومكانة، فلماذا نمتعض وقد سبق تطبيق القانون اليوم على كبيرها قبل صغيرها؟

وفي غمرة إلقاء القبض على المتهمين يهتز السوق المالي المحلي وسوق الأسهم العالمي، وينتفض الإعلام الغربي معهم أمام خبر الحجز على ممتلكات بعض الشخصيات التي قدرت بـ

٣٣ مليار دولار أمريكي فقط! هذا الأمر يثير التساؤل في نفوسنا، ويسلط الضوء على ما هو أعمق وأهم؛ فما تم التصريح به من وكالات الأنباء يشير إلى أن ما تم اختلاسه من قبل المتهمين على مدى ١٠ سنوات يقدر إجماليه بـ ١٠٠ مليار دولار أمريكي؛ أي ما يعادل قرابة ثلث تريليون ريال سعودي على شكل أصول موزعة خارج وداخل المملكة. وهذا ما سيشكل معضلة عظمى كفيلة بتحريك السوق المالي، واللعب في تذبذبه، والتأثير سلبا على حملة الأسهم، كما أنه يعد عامل طرد للمستثمرين المحتملين الذين سينفرون، لا شك، نتيجة لتزايد المخاطر السياسية للاستثمار.

فإذا كان مبلغ الممتلكات المقدرة بـ ٣٣ مليار دولار أمريكي كفيلا بقلب أوضاع السوق رغم التصريح باحتمالية فساد هذه الأموال والتشكيك في شرعيتها، فما ظنك بـ ١٠٠ مليار دولار أمريكي، كمبلغ تشغيلي شرعي مدار بوساطة حكومة كاملة، يصب في إحدى الأسواق المالية لدولة يشار إلى قوة اقتصادها وسيادته، وتعرف بالقائدة سياسيا للعالم أجمع!

إن إدراج أرامكو السعودية بتلك القيمة كفيل برفع الناتج المحلي الإجمالي للدولة التي سيكون من نصيبها احتضان أسهمها في سوقها، وليس رفع الناتج المحلي الإجمالي السعودي فحسب. هذا ما يدعو إلى المفاضلة بين تملق وتنازلات كل من سوق أمريكا وسوق بريطانيا في سبيل الفوز بإدراج أسهم أرامكو

السعودية في سوقها على نحو يخدم مصالح المملكة اقتصاديا وسياسيا بالصورة المثلى. فإذا كان هذا الإدراج في السوق الأمريكي كفيلا بحماية المملكة من تطبيق قانون «جاستا»، إضافة لما يمكن حيازته من قوة تحكم وسيطرة اقتصادية مستمدة من القيمة التي يلعبها الإدراج في السوق الأمريكي، فما الذي يمكن تسخيره واستغلاله واستخدامه استخداما أمثل لتحقيق أقصى منفعة ممكنة على الصعيد الاقتصادي والسياسي للمملكة العربية السعودية من هذه المسألة؟" – *(مكافحة الفساد في معادلة إدراج أرامكو السعودية، ٢٠١٧)*

٤-٣: القيمة السوقية

ليس يخفى على أحد ما نشهده من الظروف والأحوال الأخيرة، لذا فإنه من المنطقي جدا أن تقوم القيادة السعودية بتحويل أرامكو السعودية من شركة نفط وغاز إلى شركة طاقة صناعية، وتجديد كل من استراتيجياتها وهيكلتها وسلوكها التنظيمي الداخلي، وهو ما سيسهم في رفع قيمتها السوقية قبيل عملية الإدراج. الأمر الذي، بدوره، يحسن كذلك من أداء الشركة، ويطور خططها التوسعية وإدارتها تبعا لتنظيم وسياسة حوكمة السوق الذي سيتم الإدراج فيه.

وتتضح لنا جدية القيادة بدلائل عدة، يبدو قصدها جليا في رفع القيمة السوقية لشركة أرامكو، إذ قامت الحكومة السعودية

بخفض ضريبتها على أرامكو من ٨٥٪ إلى ٥٠٪. وخطوة مماثلة كهذه تؤخذ على محمل الجد ولا يستهان بها بالنظر إلى حكمة القيادة في سبيل رفع قيمة أرامكو فقط، بل هي أمر يفوق ذلك متعديا هدف رفع قيمة الشركة إلى هدف أكبر يسعى لتحقيق نقلة في تاريخ الاقتصاد السعودي، قاصدا تحول اعتماده على الصادرات النفطية بشكل رئيسي ووحيد، إلى تنويع تلك الصادرات مع المحافظة على نسبة ارتفاعها بشكل مستدام اقتصاديا.

وعلى الرغم من كثرة التساؤلات والآراء المتباينة والمتضادة على الصعيدين المحلي والعالمي، إلا أن لقاء صاحب السمو الملكي الأمير محمد بن سلمان بن عبدالعزيز آل سعود، ولي العهد نائب رئيس مجلس الوزراء، رئيس مجلس الشؤون الاقتصادية والتنمية مع الإعلامي داوود الشريان على قناة العربية في مايو ٢٠١٧ كان كفيلا بتقليص فجوة التباين بين تلك الآراء.

" – داوود الشريان: أولا حنا نبي نبيع أيش؟ الخدمة ولا الآبار؟

– الأمير: لا، نبيع الشركة، قيمة الشركة. الآبار مملوكة للدولة. فقط الشركة لديها حق الانتفاع من هذه الآبار، الي هو السابق والموجود الحالي، لن يغير عليه" – *(لقاء صاحب السمو الملكي الأمير محمد بن سلمان مع الإعلامي داوود الشريان، ٢٠١٧)*

أما فيما يخص القيمة السوقية لأرامكو السعودية، فهدف القيادة السعودية كان ولا يزال يسعى إلى أن تحقق الشركة قيمة تقدر بـ ٢ تريليون دولار أمريكي. وبخصوص تطرقها لإدراج ما يقارب ٥٪ من قيمتها، وهو دلالة على أن السيولة المستهدفة من قبل القيادة هي ١٠٠ مليار دولار أمريكي فقط لا غير. فهل هذا يعني بأن ما نسبته ٥٪ من قيمة أرامكو يعادل رسميا ١٠٠ مليار دولار؟ قطعا لا، فمحددات القيمة تختلف وتتفاوت، وما يحدد القيمة في هذه الحالة هو توافق كل الأطراف، كطرف البائع مع طرف المشتري أو الطرف المستثمر، ولا شك من أن لكل منهما سعره الذي يتناسب معه. ولكن القيمة الحقيقية تتمثل في السعر الذي يناسب كليهما. عندها فقط يطرح السؤال نفسه: ما هي القيمة؟

" – الأمير: إن حجم الحصة التي سيتم إدراجها مرتبط بعاملين: (١) الطلب، فيما إذا كان مرتفعا أو منخفضا، و (٢) وجود الفرص الاستثمارية داخل وخارج المملكة العربية السعودية. فإن كان هنالك طلب يتزامن مع غياب الفرص الاستثمارية فما الجدوى من رفع تلك الحصة؟ أما إن كان هنالك طلب يتزامن مع وفرة الفرص الاستثمارية فسيتم رفع حصة الإدراج مباشرة. هذا هو ما يحدد حجم حصة الإدراج، وبلا شك، لن تكون هذه الحصة بعيدة عن ٥٪ كثيرا" – *(لقاء صاحب السمو الملكي الأمير محمد بن سلمان مع الإعلامي داوود الشريان، ٢٠١٧)*

إن ما يمكن استنتاجه من تلك الإجابة هو أن المملكة على يقين بأنها لا تملك خيارا في أن تضع سعرا رسميا لأرامكو السعودية، وهي على يقين كذلك بأن توافق سعرها وسعر المستثمر هو ما يحدد القيمة الحقيقية للشركة. إن سمو الأمير في إجابته وضع تلخيصا واضحا لحالتين، كلتا الحالتين افترضت وجود متغير الطلب. فهذا الافتراض دليل على أن القيادة سترفع من نسبة الإدراج طالما كان السعر منطقيا بشكل نسبي، وذلك لتحقيق هدف الاستثمار في ظل توافر فرص متاحة. فالحالة الأولى افترضت عدم وجود الفرص الاستثمارية، أما الثانية فقد افترضت وجودها. والمفارقة هنا تكمن فيما إذا كان صندوق الاستثمارات العامة يعمل وفقا لتخطيط مستقبلي من قبل الفريق القائم عليه وعلى رؤية ٢٠٣٠، وهل من المنطقي أن يكون غير ملم بمدى توافر الفرص الاستثمارية في المستقبل القريب، كالفرص المعلقة قيد الانتظار؟ فإن لم تكن هنالك فرص، فلماذا ترددت على مسامعنا ٢ تريليون، ولماذا تم تناقل أخبار حصة الإدراج بما نسبته ٥٪ في أغلب المحافل الاقتصادية واللقاءات؟

إن ذلك كله يمكننا نسبيا من إدراك أمر واحد يتمثل في أن ما يحدد حجم الحصة هو الهدف المطلوب تحقيقه، وهو السيولة بما قيمته ١٠٠ مليار دولار أمريكي. فإن استطاعت القيادة السعودية رفع القيمة السوقية لأرامكو إلى ما هو أعلى من ٢

تريليون دولار أمريكي قبيل البدء في إجراءات عملية الإدراج فلا شك من أن حجم الحصة المخطط إدراجها للطرح ستكون أدنى من ٥٪. أما إن واجهت القيادة صعوبات أو عقبات في سبيل إيصال القيمة السوقية للشركة إلى ٢ تريليون دولار أمريكي، فإن حجم الحصة المدرجة سيكون أعلى من ٥٪ دون أدنى شك.

* * *

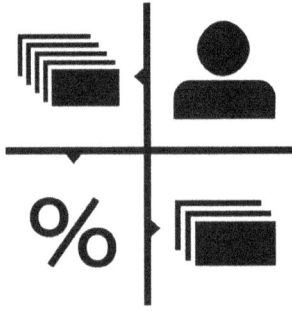

الفصل الخامس

جيب المواطن

تأتي الصدمات تباعا، وها هي الصدمة الأولى تتكشف، لتبدو علاماتها على المواطنين على نحو مباشر. ولم تظهر هذه المستجدات الصادمة إلا لسبب منطقي؛ تواترا مع ما تم اعتماده من حزمة آليات الإصلاح الاقتصادي التي استهدفت جيب المواطن، بقصد المساس به بصورة مباشرة أو غير مباشرة. ولا أظنني أخطئ إذا قلت إن آليات مماثلة كهذه سيكون لها تأثير سلبي يعم جوانب حياة المواطن كلها، بما اعتاده من أنماط، وما ترتب عليها من سلوكات تكيف بها مع ريعية الصادرات النفطية وأوجه استخدامها في السنوات الماضية زمن القيادات السابقة. ولكن لكل شيء ثمنه، ولكل تغيير تبعات وآثار وتكلفة، وهذه هي تكلفة الإصلاح؛ انخفاض في مستوى دخل الفرد بشكل مؤقت. وكما يقال، فإن هذا شر لا بد منه.

٥-١: العملة الورقية

إنه من الواجب التطرق، على نحو تفصيلي، لكل ما يحويه هذا الجيب قبل الخوض في عرض تلك الآليات، وذلك لتتضح الرؤية كاملة حيال ما يخص ويفسر جدوى الإصلاح الاقتصادي وماهيته، من منطلقات حكومة يزيد تدخلها ومساسها هذا من كمية ما في خزينتها من أموال المواطنين. وفي العرف الاقتصادي، فإن العملة الورقية ما هي إلا مخزن للجهد؛ إذ تسهم بدورها في الربط بين جهد المواطن والاستفادة التي يتلقاها مستقبلا متى ما رغب بها.

"العملة الورقية هي رابط بين جهد الإنسان واستفادته المستقبلية"

إن المواطن يعمل يوميا وعلى مدار الشهر من أجل الحصول على راتبه الشهري المتفق عليه في عقده الوظيفي، ومن ثم يقوم باستخدام هذا الراتب لتلبية احتياجاته واحتياجات أسرته؛ من سكن، ومأكل، ومشرب، وكماليات، ومصارف أخرى، ويسعى لادخار ما يزيد عن حاجته – إن استطاع إلى ذلك سبيلا –. فهذا الراتب الشهري ما هو إلا حلقة وصل تربط بين العمل الشهري وسد الاحتياجات الشهرية. ومتى ما قصر الراتب عن تغطية الالتزامات، وبات غير كاف لسد تلك الاحتياجات، فلن يستمر المواطن في وظيفته تلك؛ لأنها لا تهبه راتبا يكفل تغطية احتياجاته، ولا فرق في ذلك، سواء كان هذا الراتب منخفضا أو بعملة لا قيمة لها.

قد يظن البعض بأن ارتفاع الراتب هو ما يرضي المواطن، وهذا أمر غير صحيح. إن ما يرضي المواطن هو ارتفاع قيمة ما يتمكن من الحصول عليه مقابل هذا الراتب، بما يعمل على رفع مستواه المعيشي، ويحقق له مستوى أعلى من السعادة والرفاهية. فإن كان راتب المواطن ١٠ آلاف ريال، وكانت القدرة الشرائية لهذا المرتب كفيلة بتوفير المسكن والمأكل والمشرب والكماليات لهذا المواطن، فلا شك في أن مدى رفاهية هذا المواطن ستكون أعلى من رفاهيته في حال كانت تلك القيمة

مهيئة لتوفير المسكن فقط، فالرقم والقيمة مفهومان مختلفان؛ مختلفان تماما.

٥-٢: التضخم وارتفاع الأسعار

قد يرى البعض أنه من البديهي ربط التضخم بارتفاع الأسعار على الرغم من اختلاف المفهومين اختلافا جذريا إذا ما تم تحليل الأسباب المتعلقة والمؤدية لظهور كل منهما، فالتضخم يعني ارتفاع الأسعار نتيجة لزيادة الوفرة المالية في السوق، وهو ما يسهم في رفع كمية الطلب على السلع والخدمات. ومع ثبات سعر صرف الدولار الأمريكي في مقابل الريال السعودي، فإنه من المنطقي أن يرتفع سعر السلع المستوردة من الولايات المتحدة الأمريكية إلى الضعف، في حال كان معدل متوسط راتب المواطن يساوي ٣٠ ألف ريال سعودي عوضا عن ١٥ ألف ريال سعودي، والسبب في ذلك يكمن وراء الزيادة في كمية الريالات المتوافرة في السوق. وبنتيجة عن تلك الزيادة فإن السوق حينها تواجه ما يسمى تضخما في الأسعار. وإذا ما افترضنا خلو هذه السوق إلا من المنتجات المستوردة، فما يكفل احتياجات المواطن سيكون ثابتا في حال كان راتبه ١٥ أو ٣٠ ألف ريال سعودي شهريا، الذي يتمكن به من توفير الاحتياجات ذاتها.

"التضخم هو ارتفاع الأسعار الناتج عن زيادة الوفرة المالية فقط"

ويأتي ذلك الارتفاع كردة فعل من قبل التاجر، سببها الرئيسي نابع من نفس جشعة طماعة تسعى لكسب المزيد في ظل استغلال كمية الطلب المتزايد. ومع ثبات قيمة السلع، ونتيجة لجشع المواطن، فإنه يندفع لشراء ضعف ما كان قادرا على شرائه، وذلك عند مضاعفة معدل متوسط راتبه الشهري. الأمر الذي يحتم على التاجر الاختيار بين أمرين؛ إما أن يقوم بزيادة المعروض من تلك السلع، وبذلك يكفل تلبية هذا الارتفاع في الكمية المطلوبة، أو أن يقوم برفع سعر تلك السلع، لإشباع غريزته وإخماد لهيب طمعه. وبما أن الهدف وراء أي مشروع تجاري هو الربح المادي، فإن رفع السعر، في العادة، يمثل ما يتم اتخاذه من قبل التاجر في حال الزيادة على الطلب الناتج عن زيادة الوفرة المالية في السوق.

٥-٣: السعر والقيمة

إن السعر هو ما يحدده بائع السلعة أو مشتريها، كل على حدة، في ظل ما يناسبه. أما القيمة فهي الرقم الذي به يتفق الطرفان على إتمام الصفقة. فعند استيراد التاجر لمنتج تكلفته ٤٠ ريالا سعوديا، بهدف بيعه محليا بمبلغ ٨٠ ريالا سعوديا، فهذا لا يعني، بالضرورة، أن قيمة هذا المنتج تعادل ٨٠ ريالا سعوديا، إلا إذا ما وجد طلبا كافيا على المنتج رغم بيعه بهذا السعر. ولكن، ماذا لو توافر المنتج ذاته لدى تاجر آخر بسعر مختلف، ولنفترض أنه توافر بما قدره ٦٠ ريالا سعوديا؟ فحتما لن تكون القيمة

الحقيقية حينها ٨٠ ريالا بل ٦٠ ريالا، في حال توافر الطلب الكافي ذاته على المنتج وهو بهذا السعر.

– كلمة على الهامش –

"التقيت في زيارتي الأخيرة للرياض أحد أبرز الأساتذة والمفكرين في المجال الاقتصادي في المملكة، وقد متعه الله بفكر ينفع به جلساءه ويمتعهم به، ذلك الفكر الذي يخرج صاحبه من الصندوق. وإن اختلفت معه في بعض استنتاجاته، فلا يمكن إخفاء عشقي وانبهاري بالأبواب التي يفتحها لي، فيغني بطروحاته أفكاري في الأمور المتعلقة بالاقتصاد المالي والكلي. استغللت زيارتي له، وسألته عن رأيه بالنظام المالي الحالي «الفيات أو الورقي» غير المرتبط بالذهب، الذي تم اعتماده عام ١٩٧١ من قبل ريتشارد نيكسون، رئيس الولايات المتحدة آنذاك، وما إذا كان أفضل من النظام السابق «السلعي» المرتبط بالذهب.

كانت رؤيته تميل إلى تفضيل النظام المالي الحالي. وتفضيله مسوغ بمعادلة بسيطة، وهي أن إجمالي النقد يساوي أسعار السلع مضروبة في عددها. وعند قلب المعادلة تكون أسعار السلع مساوية لإجمالي النقد مقسوما على عددها. فكون الذهب سلعة نادرة من الطبيعة، وكون النظام السابق مرتبطا به، فهذا يجعل من كم إجمالي النقد العامل الثابت؛ وهو ما يسبب

انخفاض أسعار السلع كلما زاد إنتاجها. وبالتالي، فلن تجد من يستثمر أمواله اليوم ليزيد الإنتاج؛ لأنه لن يحقق ربحا «دفتريا» مستقبلا، وذلك أن السلع الجديدة ستباع بسعر أقل من سعرها اليوم. أما في النظام المالي الحالي فإجمالي النقد متغير؛ نظرا لعدم ارتباطه بسلعة نادرة، ويمكن ضخه وسحبه حسب الإنتاجية، لتبقى أسعار السلع ثابتة أو في ارتفاع بسيط.

بدا الأمر، بالنسبة لي، بوابة جديدة تنفتح للتفكير خارج الصندوق أيضا؛ فأنت اليوم تبذل «جهدا» من أجل مال تستطيع استهلاكه للحصول على أمور تخلق لك «استفادة»، مادية كانت أو معنوية، وبناء على ذلك يكون المال جسرا بين هذا «الجهد» وتلك «الاستفادة». وهنا يتبادر إلى الذهن تساؤل: ما الذي تجب مقارنته بعد الاستثمار المسبب لزيادة الإنتاج؟ سعر السلعة قبل وبعد الاستثمار؟ أم كم الاستفادة المحصلة من سعر السلعة قبل وبعد الاستثمار، حتى وإن انخفض؟!

نظريا، ومع ثبات جميع العوامل الأخرى، فقد كنا نشهد انخفاض الأسعار في النظام السابق، فقط إن كانت الزيادة في الإنتاج تلبي احتياجات حقيقية. أما اليوم فالأمر مختلف، إذ تتم عملية الزيادة في التدفق النقدي مع زيادة الإنتاج سواء كانت تلك الزيادة تلبي أو لا تلبي احتياجات حقيقية؛ الأمر المسبب لانخفاض «الاستفادة» لصانعي زيادة في إنتاج ملب لاحتياجات

حقيقية من أجل تعزيز «الاستفادة» لصانعي زيادة أخرى في إنتاج غير مفيد.

لا شك في صحة منطق انخفاض الأسعار «نظريا»، ولكن السعر ليس إلا رقما لا حول له ولا قوة، فما يباع بدينار يباع بثلاثة دولارات. وعليه، فليس السعر هو ما يجب وضعه بعين الاعتبار، بل كم الاستفادة المتلقاة مقابل السعر المتغير على مر الزمن. قد تستثمر دينارك اليوم بدلا من شرائك كتابا بدينار؛ الاستثمار الذي سيؤدي لزيادة في الإنتاج الملبي لاحتياجات حقيقية، التي بها انخفض سعر الكتاب إلى النصف، وبه قيم مشروعك بدينار ونصف الدينار، تقييما يأتي لك بثلاثة كتب، على نحو يحقق كمية «استفادة» أعلى، ولكن بـ «سعر» أقل!" – *(الأنظمة المالية والفلسفة الاقتصادية، ٢٠١٧)*

٥-٤: التدفق النقدي والأسعار

يتكون التضخم أو الانكماش في أسعار السلع والخدمات نتيجة لارتفاع أو انخفاض متوسط دخل الفرد. ويعد احتساب المتوسط أمرا سهلا للغاية؛ إذ يتم بقسمة إجمالي ما يتم جنيه من قبل جميع المواطنين والوافدين سنويا على إجمالي عدد المواطنين والوافدين. وليس ثمة شك في أن معدل رفاهية المواطن أو الوافد في ارتفاع مستمر تزامنا مع ارتفاع راتبه السنوي عن هذا المتوسط، والعكس بالعكس.

والجدير بالذكر أن ما يؤثر في رفاهية المواطن ليس ما يتعلق بمسألة خفض الراتب أو ارتفاعه، بل إن الأمر مرتبط بمدى ابتعاد راتبه عن متوسط الرواتب. ففي حال انخفضت الرواتب في قطاع التعليم، فمن الطبيعي أن ينخفض متوسط الرواتب داخل الدولة، وهو ما من شأنه أن يؤثر بانخفاض الأسعار نسبيا وفقا لكمية العاملين في هذا القطاع. ولكن، حينها سيكون معدل انخفاض راتب العامل في هذا القطاع أكبر من معدل انخفاض أسعار السلع والخدمات التي أخذت متوسط الرواتب في عين الاعتبار لكل القطاعات. بذلك، سيكون العاملون في هذا القطاع هم الأكثر تأثرا على نحو سلبي، أما العاملون في قطاعات أخرى فهم الأكثر استفادة.

"ما يؤثر على رفاهية المواطن لا ارتفاع راتبه أو انخفاضه، بل الفرق بين راتبه ومتوسط رواتب المواطنين."

أما في حال أنه تم خفض أو رفع رواتب الموظفين في جميع القطاعات، فإن الأمر سوف يكون مختلفا حينها. إذ لا شك من أن متوسط الرواتب سينخفض أو يرتفع، وبناء عليه تنخفض أو ترتفع الأسعار، إلا أنه، حينها، لن يكون هناك أي اختلاف في معدل رفاهية العاملين في أي من القطاعات، ومرد ذلك راجع إلى تطابق التباعد أو التقارب بين رواتب هؤلاء العاملين في شتى القطاعات، توافقا مع متوسط الرواتب. وبناء عليه، قد يكون من الظلم رفع أو خفض رواتب فئة دون أخرى من غير وجه حق.

ولكن رفع أو خفض رواتب جميع الفئات دفعة واحدة لن يترتب عليه أي تأثير سلبي أو إيجابي على فئة دون أخرى فيما يتعلق بمستوى الرفاهية، ويمكن استخدامه كآلية إصلاح فيما يتعلق بقضايا الاقتصاد الكلي للدولة.

٥-٥: إلغاء البدلات والعلاوات

وقع ما كان يخشاه المواطن، وأصبح الأمر متعديا على جيبه بالضبط في ٢٦ سبتمبر ٢٠١٦، أي بعد بضعة شهور من إعلان رؤية المملكة ٢٠٣٠؛ إذ صدرت أوامر ملكية كانت بدورها تمثل أولى حلقات سلسلة الإصلاح الاقتصادي المتبنى وفقا لسياسة التقشف.

– أوامر ملكية –

"أولا: عدم منح العلاوة السنوية في العام الهجري ١٤٣٨، وأي زيادة مالية عند تجديد العقود أو تمديدها أو استمرارها أو عند إعادة التعاقد، بصرف النظر عن البند الذي يصرف منه الراتب أو الأجر أو المكافأة، ويستكمل حيال ذلك ما يلزم نظاما.

ثانيا: تلغى البدلات والمكافآت والمزايا المالية الواردة في الجدول (أ) المرافق لهذا القرار، ويستكمل حيال ذلك ما يلزم نظاما.

ثالثا: تعدل البدلات والمكافآت والمزايا المالية الموضحة في الجدول (ب) المرافق في هذا القرار وفقا لما ورد فيه، ويستكمل حيال ذلك ما يلزم نظاما.

رابعا: إيقاف العمل بالبدلات والمكافآت والمزايا المالية الموضحة في الجدول (ج) المرافق لهذا القرار وفقا لما ورد فيه، ويستكمل حيال ذلك ما يلزم نظاما.

خامسا: يكون الحد الأعلى للمكافأة التي تصرف للموظف مقابل ساعات العمل الإضافي (أعمال خارج وقت الدوام الرسمي) ٢٥٪ من الراتب الأساسي لأيام التكليف و٥٠٪ في العطل الرسمية أو الأعياد.

سادسا: لا يجوز أن يزيد مجموع فترات الانتداب للموظفين على (٣٠ يوما) في السنة المالية الواحدة.

سابعا: يوقف صرف بدل الانتقال الشهري للموظف خلال مدة الإجازة.

ثامنا: يسري ما ورد في البنود السابقة على جميع العاملين المشمولين بسلالم أو جداول الرواتب أو الأجور أو المكافآت بما في ذلك من يعملون على بنود وبرامج التشغيل – السعوديين (مدنيين وعسكريين) وغير السعوديين – في كل الأجهزة الحكومية بما في ذلك المؤسسات والهيئات العامة والصناديق

وغيرها من الأشخاص ذوي الصفة المعنوية العامة الأخرى، سواء القائمة حاليا أو ما ينشأ منها مستقبلا.

تاسعا: على جميع الأجهزة الحكومية بما في ذلك المؤسسات والهيئات العامة والصناديق وغيرها من الأشخاص ذوي الصفة المعنوية العامة الأخرى – كل فيما يخصه – تعديل الأحكام ذات الصلة الواردة في اللوائح والتنظيمات والقرارات بما يتفق مع المبادئ والأسس الواردة في هذا القرار، والرفع عما يستلزم اتخاذ إجراءات نظامية في شأنه، وذلك في مدة لا تتجاوز ستين يوما من تاريخ صدوره.

عاشرا:

١. يكون المسؤول الأول بالجهاز الحكومي وكذا المسؤول عن الموارد البشرية والمراقب المالي – كل فيما يخصه – مسؤولين عن تطبيق ما ورد في هذا القرار.

٢. يتولى ديوان المراقبة العامة وأجهزة الرقابة الأخرى – وفقاً لصلاحياته المقررة – مراقبة التقيد بما تضمنه هذا القرار واتخاذ ما يلزم من إجراءات في هذا الشأن.

حادي عشر: تشكيل لجنة في وزارة الخدمة المدنية بمشاركة ممثلين من وزارات: (الخدمة المدنية، والتعليم، والمالية)، ومن ترى اللجنة مشاركته، لإعادة دراسة لائحة الوظائف التعليمية

بشكل شامل، بما يحقق رفع كفاءة الأداء والإنفاق على أن ترفع – خلال تسعين يوما – ما تتوصل إليه إلى مجلس الوزراء لاتخاذ ما يراه في هذا الشأن.

ثاني عشر: تشكل لجنة في أمانة مجلس الخدمة العسكرية بمشاركة ممثلين من وزارة المالية، ووزارة الخدمة المدنية، ومن ترى اللجنة دعوته للاستئناس بمرئياته من الجهات العسكرية أو غيرها، وتكون مهمة اللجنة اقتراح الضوابط الخاصة بصرف علاوة مكافحة الإرهاب، والآليات اللازمة لذلك، وتحديد الفئات المستحقة لها على النحو الذي يحقق الغرض من إقرارها، على أن تشمل الضوابط تقييد صرف العلاوة بما لا يتجاوز المبلغ المعتمد لها في الميزانية العامة للدولة، وأن ترفع اللجنة – خلال خمسة عشر يوما – ما تتوصل إليه إلى مجلس الوزراء لاتخاذ ما يراه في هذا الشأن.

ثالث عشر: يعاد النظر فيما ورد في البنود السابقة – بعد صدور هذا القرار – وفق ما يستجد لاحقا، ولا تمنح بعد ذلك أي علاوة سنوية أو بدل أو مكافأة مالية أو مزية مالية مما أشير إليه في هذا القرار، إلا بعد تنفيذ ما ورد في هذا البند.

رابع عشر: يكون احتساب الرواتب والأجور والمكافآت والبدلات الشهرية وما في حكمها بجميع العاملين في الدولة

وصرفها، بما يتوافق مع السنة المالية للدولة المحددة بموجب المرسوم الملكي رقم (م/٦) وتاريخ ١٢ / ٤ / ١٤٠٧.

خامس عشر: يعمل بهذا القرار اعتبارا من تاريخ ٣٠ / ١٢ / ١٤٣٧.

وفيما يلي الجداول:

الجدول (أ)

البدلات والمكافآت والمزايا المالية

١. بدل طبيعة العمل المقرر لوظائف:

(ناسخ آلة، مسجل معلومات، أمين صندوق، مأمور صرف، رئيس أمانة صندوق، مأمور عهد، فني اتصالات).

٢. بدل عدوى وضرر.

٣. بدل خطر.

٤. مكافأة التفوق التي تصرف للموظف المتفوق في الدورات التدريبية بالداخل.

٥. بدل مظهر المنصوص عليه في لائحة الوظائف الدبلوماسية.

٦. بدل الإجازة السنوية المقرر في بعض المؤسسات والهيئات العامة.

٧. بدل الترحيل للمتدرب المقرر في لائحة هيئة الاتصالات وتقنية المعلومات.

٨. بدل تكليف للموظف المكلف بمهمة رسمية خارج مقر عمله، بالإضافة إلى تأمين وسيلة السفر له ولعائلته المرافقين له، المنصوص عليهما في لائحة موظفي الهيئة العامة للسياحة والتراث الوطني.

٩. المكافأة الشهرية المضافة على الراتب المقررة في لائحة موظفي ومستخدمي المؤسسة العامة للتأمينات الاجتماعية.

١٠. المكافأة الشهرية المقررة لمنسوبي المؤسسة العامة للصناعات العسكرية.

١١. بدل ندرة التخصص الوارد في لائحة الهيئة العامة للسياحة والتراث الوطني، والهيئة العامة للاستثمار.

١٢. مكافأة اللجان الدائمة التي تصرف مقابل الجلسات أثناء الدوام للمشمولين باللائحة المنظمة لشؤون منسوبي الجامعات السعوديين من أعضاء هيئة التدريس ومن في حكمهم واللائحة المنظمة لشؤون أعضاء هيئة التدريب بالمؤسسة العامة للتدريب التقني والمهني.

١٣. مكافأة التأهيل الأكاديمي للضباط ومكافأة الشهادات العلمية للأفراد.

١٤. مكافأة الأعمال الجليلة.

١٥. بدل التعيين.

١٦. بدل الترحيل، لمن ينتدب مدة أو مددا متواصلة تزيد على ٩٠ يوما.

١٧. مكافأة بقاء الموظف المنتهية خدمته لتسليم ما في عهدته.

١٨. مكافأة الحاسب الآلي.

١٩. مكافأة الدارسين أثناء عملهم في الخارج.

٢٠. بدل طبيعة عمل رؤساء كتابات العدل وكتاب العدل.

٢١. العلاوة الإضافية عند الترقية.

الجدول (ب)

البدلات والمكافآت والمزايا المالية

١. بدل طبيعة العمل:

أ. يكون البدل المقرر لوظائف: محصل إيرادات أمين مستودع ومن يقوم بأمانة المستودعات الطبية من شاغلي الوظائف الصحية، مأمور اتصالات، مأمور بيت مال، أمين بيت مال بنسبة ١٠% من راتب الدرجة الأولى من المرتبة.

ب. يكون البدل المقرر لوظائف: مدير شعبة ضيافة، مشرف قصر، مشرف ضيافة، مراقب ضيافة، رئيس قسم الضيافة، مراقب قصر، مأمور قصر، مأمور ضيافة، مقدم ضيافة بنسبة ١٥% من راتب الدرجة الأولى من المرتبة.

٢. مكافأة التدريب للموفد في الداخل في غير البلد الذي يعمل فيه:

أ. تخفيض بنسبة ٥٠%.

٣. بدل الارتباط بسوق العمل المقرر في اللائحة المنظمة لشؤون أعضاء هيئة التدريب بالمؤسسة العامة للتدريب التقني والمهني:

أ. يكون البدل بنسبة ١٠% من الراتب.

٤. بدل الحقل للعاملين في مراكز التنمية الاجتماعية:

أ. يكون البدل بنسبة ٢٠% من الراتب.

٥. مكافأة الأرصاد للعاملين في مجال التنبؤ والرصد:

أ. يكون البدل بنسبة ٢٠% من الراتب." – *(أوامر ملكية، ٢٠١٦)*

أوامر لا شك من أن وقعها سيكون صادما وشديدا على المواطن الذي لم يتسن له أن يدرك آثارها المستقبلية حق الإدراك. وانخفاض نسبة ما يجنيه من إيراد شهري يترك لديه انطباعا بأن مستواه المعيشي سينحدر على نحو غير مقبول، حتى وإن حاول ساعيا تغيير نمط حياته الشخصية وطبيعة عمله فيها. فكيف يتمكن المواطن من أن يبدل ثقافته، ويتحول من مواطن مستهلك إلى منتج إن لم يمسسه لهيب قرارات مماثلة؟ فبطبيعة الحال، إلا في حالات بسيطة تستثنى من ذلك، فإن الوفرة المالية تخفض بشكل عام من مستوى الإنتاجية. وهذه هي التكلفة على المواطن التي وجب عليه تحملها في ظل عملية الإصلاح الاقتصادي.

كما أن لتلك الأوامر دورا فاعلا في خفض كمية التدفق النقدي السنوي من الريال السعودي داخل السوق المحلي، وهو أمر أدى بدوره إلى أن يرفع من القوة الشرائية للريال داخل المملكة؛ نتيجة لارتفاع مؤشر شح كمية الريال السعودي فيها. ولا شك من ظهور تقلبات سعرية في السوق نتيجة لتلك الأوامر، إلا أنه يعد من المنطقي، في الوقت نفسه، أن تنخفض أسعار السلع والخدمات المرهونة وفقا لمفهوم الطلب المرن.

"إلغاء البدلات والمزايا المالية كان له دور فاعل في خفض أسعار المنتجات والخدمات غير الأساسية ذات الطلب المرن."

فمرونة الطلب تختلف على السلع والخدمات تبعا لندرتها، هذه الندرة التي تصنعها مدى أهميتها في حياة المواطن. فالأرز، على سبيل المثال، يعد سلعة ذات طلب غير مرن؛ أي أن طلب المواطن عليه لن ينخفض كثيرا حتى وإن ارتفع سعره. أما المشروبات الغازية فهي سلعة ذات طلب مرن؛ أي من المنطقي جدا ملاحظة الانخفاض الحاد في الطلب عليها فور ارتفاع سعرها.

لقد كان لتلك الأوامر أن تصنع توجها جديدا في ثقافة استهلاك المواطن، التي بها يستغني عن السلع والخدمات التي تصنف في خانة الكماليات إذا لم ينخفض سعرها، وذلك نتيجة لانخفاض مستوى دخل الفرد الذي تأثر بتبعات تلك الأوامر. وما جيب المواطن إلا حلقة وصل بين خزينة الدولة والهامش الربحي للتاجر. فإن كان التاجر منتجا وقادرا على المنافسة في ظل شح كمية الريال السعودي، فإنه، حتما، سيتمكن من الاستمرار في تجارته. أما إن كان غير منتج أو غير قادر على المنافسة في ظل هذه الظروف، فلن يستطيع المضي في تجارته، وذلك لأنها تجارة قائمة على ريع القيادات السابقة، التي كان يصب نفعها في جيب المواطن، أو في جيبه الشخصي مباشرة.

وكما ذكرنا سابقا، فإن وفرة كمية الريال السعودي أو شحها لا يعني شيئا. إن ما يجب أن يضعه المواطن نصب عينيه هو مدى الجهد الذي يبذله في عمله كل شهر، ومدى الاستفادة التي

يتلقاها من راتبه الذي يحصل عليه نهاية كل شهر. ولسنا نتصور أن تمضي أوامر مماثلة كهذه دون أن يكون لها تأثير سلبي مؤقت، ولكن من المؤكد أن يكون تأثيرها إيجابيا على المدى البعيد، وذلك على صعيد الاقتصاد الكلي للدولة إذ تزداد الإنتاجية، متعديا إلى الاقتصاد الجزئي الذي يعيشه المواطن في جميع جوانب حياته، نتيجة لانخفاض أسعار السلع ذات الطلب المرن.

ولم يدم الأمر طويلا، ففي أبريل من العام ٢٠١٧، أي بعد أقل من سنة من إلغائها، صدر أمر ملكي بإعادة البدلات والمكافآت والمزايا المالية للمدنيين والعسكريين. وكأن التكلفة التي يتحملها المواطن قد حان وقت سدادها. ونظرا لمحدودية الإحصائيات في السياسة النقدية، فقد وقف الباحثون في الاقتصاد أمام الاختيار بين سببين لا ثالث لهما: الأول وهو أن أمر إعادة البدلات جاء نتيجة ضغوط سياسية داخلية نظرا إلى أن إلغاءها كان محض قرار خاطئ. والثاني وهو أن أمر الإعادة جاء نتيجة لتحسن الأوضاع الاقتصادية، وعليه فإن أمر الإلغاء يعد قرارا صحيحا اقتصاديا. ولعل هذين التحليلين المتناقضين يجعلاننا نتساءل؛ هل من المنطقي أن يكون هذا الأمر نتيجة لاستياء الرأي العام؟ أو أنه ردة فعل لضغوطات سياسية وقد مر عليه ما يزيد عن ٦ شهور؟ ولو سلمنا بذلك، فما هو الدليل؟ وقد أتى لقاء صاحب السمو الملكي الأمير محمد بن سلمان بن

عبدالعزيز آل سعود، ولي العهد نائب رئيس مجلس الوزراء، رئيس مجلس الشؤون الاقتصادية والتنمية مع الإعلامي داوود الشريان على قناة العربية في مايو ٢٠١٧ مجيبا عن هذه التساؤلات، متكفلا بإيضاح تلك الأسباب.

"– داوود الشريان: ما هو ردك على الصحافية الغربية التي نصت على أن هذا القرار جاء بضغوط شعبية وهذا تراجع؟

– الأمير: غير صحيح. فالعجز في الربع الأول انخفض ٤٤٪. فهذا بحد ذاته يثبت حقيقة ما نقوم به. فلماذا نستمر بتلك الإجراءات التقشفية؟

– داوود الشريان: ما هي أبرز الأمور التي حققت هذا الانخفاض في العجز؟

– الأمير: أولا، الإيرادات النفطية، بحيث أن أهم عامل لارتفاعها هو اتفاقية النفط. ثانيا، الإيرادات غير النفطية، فهناك بعض الإجراءات التي تم العمل عليها خلال السنتين الماضيتين. ثالثا، عوائد صندوق الاستثمارات العامة. فلأول مرة تكون عوائد هذا الصندوق تفوق عشرات المليارات سنويا، ابتداء من ٢٠١٥ إلى ٢٠١٧ وبارتفاع مستمر إن شاء الله" – *(لقاء صاحب السمو الملكي الأمير محمد بن سلمان مع الإعلامي داوود الشريان، ٢٠١٧)*

ولم يكد يمضي وقت طويل حتى فرح المواطنون بانفراجات جديدة، ففي العشر الأواخر من رمضان، في الموافق من يونيو ٢٠١٧، صدر أمر ملكي بإعادة جميع البدلات والمكافآت والمزايا المالية إلى المدنيين والعسكريين بأثر رجعي. وهو ما يعني أن ميزانية الدولة ستتحمل تلك التكلفة التي تحملها المواطن من أجل هذا الإصلاح الاقتصادي. قد يكون لهذا الأمر شق سياسي يصب في صالح كيان الدولة، ولكن المنطق الاقتصادي ينص على نقيض ذلك، فقرار الإعادة بأثر رجعي له تأثير سلبي على ثقافة ظهرت نتيجة لشح الريال السعودي في السوق المحلي، الذي صنع بدوره ارتفاعا في قدرته الشرائية. فأمر مماثل كهذا من المنطقي أن يصنع تذبذبا في الأسعار؛ مثقلا كاهل المواطن والتاجر في آن واحد. فكلاهما تمكن، للتو، من اجتياز مرحلة حرجة، وتحد صعب. وبروز أمر مخالف كهذا قد يزيد من شدة ردود الأفعال في المراحل القادمة التي تطبق بها قرارات جديدة فيما يتعلق بضريبة القيمة المضافة، وارتفاع أسعار الخدمات الأولية، مثل: الماء، والكهرباء، والمحروقات.

٥-٦: ضريبة القيمة المضافة

إن المتمعن في هذا التركيب «ضريبة القيمة المضافة» يتحصّل له فهم معناه؛ فضريبة القيمة المضافة، التي تم البدء بتطبيقها في الأول من يناير ٢٠١٨، هي نسبة ضريبية تحصلها الدولة على القيمة المضافة المقدمة لأي سلعة أو خدمة، وتختلف في آليات

تطبيقها عن ضريبة البيع، بحيث تستهدف تلك الآليات كلا من التاجر والمستهلك، بدلا من أن تطال المستهلك وحده. وعلى سبيل المثال لا الحصر، ففي حال كانت ضريبة القيمة المضافة هي ٥٪ من سعر البيع، فإنه حين يقوم النجار بشراء خشب بسعر ١٠ ريالات سعودية لصناعة كرسي، فإنه يدفع ٠,٥ ريال سعودي كضريبة قيمة مضافة على قيمة الخشب إلى بائع الخشب، ليقوم الأخير، بدوره، بتسديد هذا المبلغ إلى خزينة الدولة. ولدى صناعة هذا النجار للكرسي، وفي توجهه لإتمام صفقة بيعه بسعر ٣٠ ريالا سعوديا، فإنه يقوم حينها بتحصيل هذا السعر من المشتري، بالإضافة إلى ١,٥ ريال سعودي كضريبة قيمة مضافة.

إن ما يدين به هذا النجار لخزينة الدولة بعد إتمام تلك الصفقة لن يعادل ١,٥، بل ١ ريال سعودي فقط، وهي الضريبة المستحقة على القيمة المضافة للمواد الأولية التي قام بشرائها. فالقيمة التي أضافها النجار للخشب تعادل ٢٠ ريالا سعوديا، وهي القيمة التي سيقوم بسداد ضريبتها لخزينة الدولة. وفي ضوء ما سبق، فهو يقوم بطرح ما دفعه من ضرائب على المواد الأولية من مجموع ما جمعه من ضرائب ناتجة عن البيع، أي طرح ٠,٥ ريال سعودي من ١,٥ ريال سعودي ليتبقى ١ ريال سعودي، يقوم بسداده لخزينة الدولة.

"المواطن لا يتحمل بالضرورة ضريبة القيمة المضافة"

لا شك من أن لضريبة القيمة المضافة دورا فاعلا في رفع إيرادات خزينة الدولة، وهو دور يعزز من تصنيفها الائتماني. إلا أن كثيرا من الناس يعتقدون بأنه لا حاجة لها، كونها تستهدف ما في جيب المواطن، مخفضة بذلك من مستواه المعيشي. إن الاعتقاد هذا، الذي يزعم أصحابه بأن المواطن هو من يتحمل ضريبة القيمة المضافة وحده لهو اعتقاد خاطئ بحد ذاته، ويكمن السبب في أن قيمة السلع والخدمات في السوق يتم تحديدها وفقا للسعر الذي يتفق عليه البائع والمشتري في الوقت ذاته، بصرف النظر عما إذا كان السعر ناتجا عن تكاليف المواد الأولية، أو افتتاح معرض جديد، أو زيادة في عدد الموظفين، أو تطبيق لضريبة القيمة المضافة! فالتاجر الذي ستواجه سلعته انخفاضا حادا في الطلب عليها، عند رفعه ريالا واحدا من سعرها قبل تطبيق ضريبة القيمة المضافة، حتما سيواجه ذات الانخفاض عند إضافة ضريبة القيمة المضافة على السعر السابق. ولننظر فيما يلي على سبيل المثال؛ في أحد المطاعم ينخفض الطلب على شريحة اللحم المشوية بما نسبته ٥٠٪ عند رفع سعرها من ٢٠ ريالا سعوديا إلى ٢١ ريالا سعوديا. وعلى افتراض أن الهامش الربحي على الشريحة الواحدة هو ٥ ريالات سعودية، في حال كان السعر ٢٠ ريالا سعوديا، وإجمالي الطلب اليومي هو ٢٠ شريحة، يكون إجمالي الهامش الربحي على هذا المنتج يعادل ١٠٠ ريال سعودي

يوميا. ومتى ما قام هذا المطعم بإضافة ضريبة القيمة المضافة على السعر الحالي فسيكون إجمالي السعر هو ٢١ ريالا سعوديا، وبه تنخفض مبيعات هذا المنتج إلى ١٠ شرائح يوميا. وبناء عليه، يكون إجمالي الهامش الربحي على هذا المنتج هو ٥٠ ريالا سعوديا يوميا. ولكن، ماذا لو تحمل التاجر ضريبة القيمة المضافة بدلا من أن يتحملها الزبون؟ إن حصل ذلك، فإن هامشه الربحي سيكون ٨٠ ريالا سعوديا يوميا، ناتجة عن ٢٠ ريالا سعوديا كإجمالي ضريبة القيمة المضافة لكمية البيع اليومية مطروحة من ١٠٠ ريال سعودي كهامش ربح يومي على المنتج.

"من التجار، هناك من استغل سداده لضريبة القيمة المضافة كأداة تسويقية على الرغم من استفادته محاسبيا!"

لم تتهيأ الفرصة لكثير من التجار كي يدركوا حقيقة هذا الأمر بعد تطبيق ضريبة القيمة المضافة بشكل رسمي، ولكنهم سيدركونها عاجلا أم آجلا. وفي مقابل ذلك، فإننا نتلمس نضجا تجاريا في الساحة نفسها؛ إذ سوق عدد من التجار مسألة تحملهم ضريبة القيمة المضافة على أنها إضافة منهم ومراعاة لزبائنهم أو عملائهم، إلا أن هذا الأمر يعد، من وجهة نظري، استغلالا لجهل المواطن البسيط بالأمر المحاسبي السالف. وأيا كان الأمر، فسوف تعود الأمور، حتما، إلى نصابها، وتستقر لطبيعتها حالما يدرك التاجر تلك المتغيرات ومدى تأثيرها على أعماله. وفي

خضم ذلك، يجب على المواطن ألا ينجرف وراء جهل التاجر الذي ينتقد ضريبة القيمة المضافة باتهامها بأنها آلية غير مجدية في دعم الاقتصاد الكلي للدولة.

٥-٧: ضريبة الدخل

صرح صاحب السمو الملكي الأمير محمد بن سلمان بن عبدالعزيز آل سعود، ولي العهد نائب رئيس مجلس الوزراء، رئيس مجلس الشؤون الاقتصادية والتنمية، في مقابلته مع الإعلامي داوود الشريان على قناة العربية في ٢ مايو ٢٠١٧ بأنه لن تكون هناك ضريبة دخل في المملكة العربية السعودية. وضريبة الدخل هنا تعني النسبة التي يتم استقطاعها من إجمالي الإيرادات السنوية لكل من يعمل داخل حدود الدولة، بمختلف الكيانات، سواء كان شخصا أو مؤسسة أو شركة. ولكنه في اللقاء نفسه صرح أيضا بأن أكبر ٣ قنوات تهاجر بها أموال المملكة إلى الخارج هي؛ أولا: المصروفات على القطاع العسكري، وثانيا: المصروفات على وسائل النقل كالسيارات وغيرها، وثالثا: مصروفات العاملين في المملكة على السياحة في الخارج. أوعز سمو الأمير باتخاذ الإجراءات اللازمة لضبط السببين الأولين، أما السبب الأخير فمن الصعب التحكم بقرار المواطن أو الوافد في رغبته بالصرف على السياحة فيما إذا كانت خارجية أو داخلية.

وقد تطرقت آلية رؤية ٢٠٣٠ إلى البطاقة الخضراء بما تتيحه للوافد من بدء نشاطه التجاري داخل المملكة، ومعاملته معاملة المواطن السعودي من ناحية اقتصادية فقط، الأمر الذي يكون عوديا بدوره على المصروفات في السياحة الخارجية، مفاقما من تلك المشكلة المعقدة المرتبطة بشأن هجرة الأموال إلى الخارج. فالوافد المقتدر داخل حدود المملكة، القادم من ثقافة تجارية مختلفة، لا شك من أن احتمالية صرفه على السياحة في الخارج تفوق احتمالية صرف المواطن على السياحة في الخارج. فإن ارتفعت نسبة الحوافز التي تزيد من جاذبية انتقال رؤوس الأموال إلى الداخل، كحافز البطاقة الخضراء، فإنه من المنطقي ووفقا للمعطيات أن يرتفع معدل الصرف على السياحة في الخارج. وبناء عليه، قد تضطر القيادة إلى تطبيق ضريبة الدخل من أجل الحد من هذه المشكلة. ولكن، هل يجب اعتبار ضريبة الدخل بديلا عن ضريبة القيمة المضافة؟ أم تزامنها لاحقا؟

– كلمة على الهامش –

"تستهوينا دوما محاكاة الإصلاحات الاقتصادية في الغرب، محاكاة قاصرة تتناسب مع معطيات محلية محدودة. وما هذا الاستهواء إلا دليل على عجز مثير للشفقة عن إيجاد إصلاحات أكثر تناسبا مع بيئة دول ريعية، أو شبه ريعية تسعى لاستدامتها الاقتصادية. لقد أثارت تلك المحاكاة جدلا طويلا فيما إذا كانت ضريبة الدخل أكثر عدالة من ضريبة القيمة المضافة

أم لا، جدل لم يدرك أصحابه أن ضريبة القيمة المضافة أكثر مساواة من ضريبة الدخل، أو ربما تعمدوا ألا يدركوا ذلك.

ولنا أن نتناسى تلك المفاهيم لبرهة، ونتساءل: هل الضريبة - بمفهومها وفق المنطق الاقتصادي - هي فعلا عبارة عن استقطاع جراء انتفاع بموارد دولة واستهلاكها؟ أم هي استقطاع لجزء ما يصنعه المرء من إضافة لإجمالي الناتج المحلي؟ أيجب أن تكون مشاطرة بزيادة الإنتاجية؟ أم رسم استخدام للموارد؟ ماذا لو كانت هناك ثلاثة مصانع تستهلك ذات الموارد الطبيعية والبشرية، ويحقق أحدها عائدا ربحيا مرتفعا مقارنة بالآخرين، فهل من المنطق الاقتصادي أن يتم استقطاع ضريبة أعلى على دخله؟ ماذا لو كان هذا المصنع يسهم في رفع صادرات الدولة أو خفض وارداتها على نحو يتفوق به على الآخرين، هل مازال المنطق المتناقض قائما؟ فتلك لا تعد مشاطرة بزيادة الإنتاج فحسب، بل بالعقول التي تفوقت على غيرها في تحسين استخدام موارد الدولة من أجل عائد أعلى على إجمالي ناتجها المحلي، وكأن الدولة تكافئ تلك العقول برفع ما تدين به للدولة كلما ازداد إبداعها. فوفق المنطق الاقتصادي، أين الاستدامة في ذلك؟

إن كان التنظير حول مسألة ضريبة الدخل بأنها أكثر جدوى من ضريبة القيمة المضافة قد لاقى استحسان ذوي الدخل المحدود والمتوسط على ما يحقق العدالة به، من وجهة نظرهم،

وعلى أن احتياجاتهم تتساوى مع احتياجات ذوي الدخل المرتفع، الأمر الذي يستوجب عدم المساواة بينهم في ضريبة القيمة المضافة بل في نسب ضريبة الدخل، فلماذا لا نلتفت إلى التنظير حول مسألة ضريبة القيمة المضافة بأنها أكثر مساواة من ضريبة الدخل نظرا إلى أن الأشخاص ذاتهم في كل الفئات هم من يتحمل كل واحد منهم على حدة ضريبة ما يستهلكه من موارد الدولة. أين الجدوى هنا؟ أهي بالعدالة أم بالمساواة؟

عُرفت العدالة في ثقافة المجتمع الريعي وتأصلت به، ولا شك في أن المسألة نسبية نوعا ما. ولكن التساؤل الذي يلح علينا هنا هو: إن كان الهدف هو الخروج من الريعية للاستدامة لضمان الاستمرارية المهددة، فهل لنا أن نفضل العدالة على المساواة في أمور محورية لها ارتباط وثيق بآلية تحفيز فئة قابلة للتوجه نحو الإنتاجية؟ أم يجب علينا التريث قليلا – مؤثرين على ذلك ضمان تلك الاستمرارية – من أجل دعم فئة أخرى غير قابلة للتوجه نحو تلك الإنتاجية؟ إنه من الواجب على الدولة رعاية هؤلاء، أقصد غير القادرين على الإنتاجية. نعم، ولكن أين ستكون الدولة يوم غد إن هي رعتهم اليوم؟!" – *(ضريبة الدخل وعدالتها، ٢٠١٨)*

٥-٨: ارتفاع أسعار الخدمات الأولية والمحروقات

جاء من ضمن آليات عمل رؤية ٢٠٣٠ رفع أسعار الوقود والكهرباء والماء، ويعتقد البعض أن هذه الآلية تفتقر لكونها ذات منطق اقتصادي. والمنطقية التي لا تأخذها تلك الفئة في عين الاعتبار قد جاءت من جانب ما تقدم من مسوغات بارتفاع التكاليف على التاجر المحلي، الذي ينتج بسببه ارتفاع في أسعار السلع والمنتجات على المواطن.

فالأمر الذي لم تدركه تلك الفئة هو أن آليات الرؤية أتت متكاملة جملة وتفصيلا فيما يخص هذا الشأن. أي أن ارتفاع أسعار تلك الخدمات الأولية والمحروقات جاء تزامنا مع انخفاض التدفقات النقدية – شح الريال – في السوق السعودي. ومع هذا الانخفاض، فإن تحدي الجهات الحكومية ليس مرتبطا مع المواطن بل مع التاجر. وهدف القيادة في هذا الأمر يتلخص بتغيير ثقافة التاجر ليكون أكثر كفاءة في الإنتاج والمنافسة. بذلك، ونتيجة لشح الريال السعودي، فإنه من الصعب جدا على التاجر رفع أسعار المنتجات أو الخدمات التي يقوم بتقديمها، كون هذا الرفع سيبدو سببا أساسيا في خفض الطلب على منتجاته وخدماته.

لا شك من أن رفع أسعار الخدمات الأولية والمحروقات قد أدى دورا فاعلا صب نفعه إيجابا في خزينة الدولة؛ محسنا بذلك

تصنيفها الائتماني. ولكن الجدير بالذكر هو الأمر المتعلق بوقت تطبيق تلك الآلية؛ إذ بدا توقيت تطبيق الأمر غير منطقي لعديد من الناس؛ نظرا لتأثيره في الضغط بشكل أكبر على المواطن. إلا أنه يحسن بنا القول إن الضغط يعد أقل شدة على المواطن مما لو كان التطبيق متزامنا مع ارتفاع التدفقات النقدية، تماما كما كان الحال عليه في ظل القيادات السابقة.

"رفع أسعار الخدمات الأولية والمحروقات في زمن انخفضت به التدفقات النقدية السنوية يعد أكثر حكمة من رفعها في زمن ارتفعت به تلك التدفقات."

فإن جاءت قرارات رفع أسعار الخدمات الأولية والمحروقات في زمن ارتفعت به التدفقات النقدية السنوية، فإنه من الطبيعي أن يرفع التاجر أسعار منتجاته وخدماته للمحافظة على هامشه الربحي الثابت. وبناء عليه، فإن المواطن هو من سيتأثر سلبا بهذا الارتفاع. وما الارتفاع هنا إلا رقم قد تبدل. ولكن، ما مدى تأثير هذا الرقم عندما يكون حلقة الوصل بين قيمة الجهد المبذول شهريا – الوظيفة – وقيمة الاستفادة المتلقاة مع نهاية كل شهر، كسد الاحتياجات؟ واستنادا إلى العقل والمنطق الاقتصادي، فإن رفع أسعار الخدمات الأولية والمحروقات في زمن انخفضت به التدفقات النقدية السنوية يعد أكثر حكمة من رفعها في زمن ارتفعت به تلك التدفقات.

٥-٩: انخفاض الاحتياطيات النقدية

نوه عديد من الاقتصاديين بمساوئ ذلك الانخفاض المتعلق بالاحتياطيات النقدية بالدولار، وأن ظهوره قد يكون نتيجة لتخبط في آليات العمل، أو ما إلى ذلك. إن الدور الأساسي للاحتياطيات النقدية بالدولار هو دعم المعروض - المتداول - من الريال السعودي. فارتفاع المعروض من الريال يتطلب ارتفاعا في الاحتياطيات بالدولار بغرض المحافظة على قيمة الريال السعودي أمام الدولار الأمريكي. أما انخفاض المعروض من الريال فلا يتطلب بالضرورة انخفاضا في الاحتياطيات بالدولار، وبذلك تصبح تلك الزيادة في الاحتياطيات صمام أمان للريال السعودي، وبها يمكن زيادة المعروض منه.

"الاستثمار بفائض الاحتياطيات النقدية يعد قرارا حكيما."

على نحو ما يظهر فإنه يمكن القول إن ما تم العمل به من إجراءات تقشفية في آلية عمل رؤية ٢٠٣٠ نتج عنه انخفاض حاد في المعروض من الريال السعودي. فهل من المنطقي ترك الفائض من الاحتياطيات ثابتا في ظل توجه المملكة إلى الاستثمار والإنتاجية؟ إنه لمن الحكمة أن يتم التوجه إلى سحب هذا الفائض للاستثمار به، وبذلك تتم زيادة تلك الاحتياطيات تزامنا مع متطلبات السوق السعودي فيما إذا كان بحاجة لزيادة المعروض من الريال السعودي. عندها، يكون العائد على

الاستثمار هو ما يدعم الزيادة في الاحتياطيات، لا ريع الصادرات النفطية.

لا يمكن الجزم فيما إذا كانت الإجراءات التقشفية قد جاءت من أجل سحب الاحتياطيات للاستثمار بها، ومن ثم تحسين بيئة السوق السعودي. ولكن ما يمكن الجزم به هو أن السياسة المالية والاستثمارية تسير وفق آلية مهنية وخطط مرسومة، تستغل أصغر الفرص لغرض تحقيق أعلى النتائج، التي هي في نهاية الأمر تصب في صالح كيان الدولة؛ أي اقتصادها.

* * *

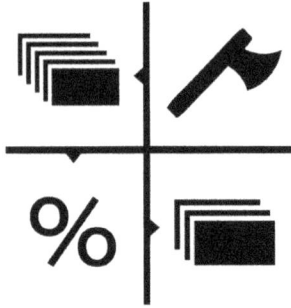

الفصل السادس

الأعمال والاستثمار

لم تكن بيئة الأعمال والاستثمار مستثناة من آلية عمل رؤية ٢٠٣٠، فقد صاغت الآلية عددا من الخطوات الإصلاحية التي اهتمت بهذا المجال بغرض تحقيق أهداف – خفض معدل البطالة على سبيل المثال – هذه الخطوات تصنع في مجملها رؤية المملكة في السنوات القادمة. ولكن، قبل التطرق لتلك الخطوات فإنه لا بد لنا من أن نتبين فيما إذا كان انخفاض معدل البطالة هو غاية مطلوبة أم هو مجرد نتيجة.

إن كان انخفاض معدل البطالة هو الغاية، فتحقيقه يعد أمرا ممكنا، وقد لا ينتج عنه إصلاح اقتصادي على صعيد الاقتصاد الكلي. فمن الممكن أن تقوم الدولة بتدشين منشآت حكومية قائمة على توظيف المواطنين دون التطرق إلى معدل الإنتاجية، أو إقرار القوانين التي تحد من صلاحيات التاجر أمام المواطن فيما يتعلق بالتوظيف، التي بها يزيد من استهلاك المواطن لموارد الدولة دون الحاجة إلى زيادة صادراتها، وهو ما سيكون مكلفا على خزينة الدولة دون أي استدامة اقتصادية تضمن استمرار تلك الآلية عند انخفاض إيرادات الصادرات النفطية. فالأمر بحد ذاته لم يخرج عن نطاق ثقافة ريعية تسعى القيادة – حاليا – إلى التخلص منها. ولا شك في أن هناك حالات استثنائية بين المواطنين، إذ إنك تجد فيهم المنتج الذي يتميز بكفاءة عالية جدا. ولكن العلاقة بين القيادة والمواطن ليست علاقة ذات بعد شخصي، بل هي علاقة يحكمها الاقتصاد الكلي.

"خفض معدل البطالة يجب أن يكون نتيجة لا غاية"

أما إن كان انخفاض معدل البطالة محض نتيجة، فتحقيقه يتطلب مهنية في اتخاذ قرارات تصب، في نهاية الأمر، في صالح الاستدامة الاقتصادية، بحكم أنها قرارات تسهم في زيادة الصادرات أو خفض الواردات، أو زيادة معدل ارتفاع الصادرات عن معدل ارتفاع الواردات. وهذا لن يحصل ما لم تكن هناك قرارات ولوائح قائمة على تحفيز توسع قطاع الأعمال، الذي سيساعد على توسيع قاعدة المشاريع والأعمال داخل حدود الدولة، رافعا بذلك معدل الحاجة إلى الأيدي العاملة والعقول. ونتيجة لذلك، سينخفض معدل البطالة تزامنا مع وجود استدامة اقتصادية قادرة على تمويل ذاتها دون تدخل خزينة الدولة، بل إنها ستكون هي إحدى قنوات التمويل لخزينة الدولة بإيرادات غير النفطية.

٦-١: التوطين

تعد السعودة من أهم القرارات التي جاءت في صالح توظيف المواطن دون التطرق إلى مدى تنافسيته مع غيره من الوافدين فيما يتعلق بالقدرة على العمل والإنتاج في قطاع العمل. وبذلك، أصبحت المواطنة بطاقة توظيف تتنافس على استقطابها تلك المشاريع الملزمة بتوظيف المواطن تبعا للوائح وقرارات التوطين. والجدير بالذكر هنا هو تزامن انخفاض معدل الإنتاجية

لدى المواطن مع انخفاض معدل المنافسة على التوظيف؛ أي كلما أصبح من السهل على المواطن الحصول على وظيفة طالب براتب أعلى، تزامنا مع انخفاض إنتاجيته. والسبب في ذلك عائد إلى ارتفاع معدل وفرة الفرص الوظيفية.

لا يمكن التغاضي عن أن سوء السلوك التنظيمي لدى بعض الوافدين تجاه بعض مواطن التوظيف في الحقب السابقة كان حجة للتوطين، فعديد من هؤلاء الوافدين قاموا باستغلال مواقعهم الإدارية، إذ شكلوا عصابات توظيفية في أقسام الموارد البشرية، قائمة على توظيف الوافدين فقط، مما أثر سلبا على الاقتصاد الكلي للدولة نتيجة لخروج تدفقات نقدية هائلة إلى الخارج كل سنة.

"هل من المنطق أن يكون سوء سلوك تنظيمي من قبل وافد حجة لقرار التوطين؟"

فالتساؤل هنا؛ عند اتخاذ قرارات اقتصادية إصلاحية، فهل من المنطق اعتبار نتائج سوء السلوك التنظيمي المتمخضة عن ثقافة ذات طابع ريعي حجة لتلك القرارات؟ وهل يعد التوطين هو الحل الاقتصادي لقضية البطالة بحجة تشكل عصابات وافدة في أقسام الموارد البشرية؟ فإن كان ذلك، فحينها نكون قد اعتبرنا التوطين غاية لا نتيجة، وبطبيعة الحال هذه، فلن يسهم التوطين في صنع استدامة اقتصادية.

لقد صنعت قرارات التوطين فرصا وظيفية هائلة للمواطنين في سوق العمل، أضف إلى ذلك مساهمتها في رفع مستوى دخل الفرد. ولكن، ما مدى قدرة قطاع العمل على تحمل الانخفاض في الإنتاجية الذي ينتج عن قرارات مماثلة؟ بذلك، تكون وفرة تلك الفرص الوظيفية أمرا مؤقتا قد ينتهي يوما ما، وذلك نتيجة لعدم تمكن قطاع العمل من تلبية احتياجات هؤلاء الموظفين الذين ارتفع سقف طموحهم لأبعد حد. فللمواطن أفضلية على الوافد في توافر فرص عمل له في قطاعات لا يمكن للوافد العمل بها. وتلك القطاعات ستتنافس في استقطاب هؤلاء المواطنين برواتب مرتفعة نسبيا. ونتيجة لارتفاع التكلفة على القطاع سيرتفع معدل المنافسة به، الأمر الذي سينتج عنه خروج عديد من المشاريع غير القادرة على الاستمرار في ظل هذه المنافسة الشرسة. حينها، سيتراجع معدل التوظيف إلى حد أدنى مما كان عليه قبل الشروع في خطة التوطين.

أثبتت تلك القطاعات دورها الفاعل في التأثير على معدل رفاهية المواطن المستهلك، نذكر من ذلك قطاع الملابس الجاهزة – مثلا –، الذي كان من ضمن القطاعات التي تم توطينها، ففي هذا القطاع، بات من المنطقي جدا أن ينخفض الهامش الربحي للتاجر نتيجة لارتفاع التكاليف التي يتحملها جراء عملية التوطين بشكل يتزامن مع عدم قدرته على رفع سعر منتجاته، نظرا لشح السيولة إثر الإجراءات التقشفية

المعمول بها ضمن آلية عمل رؤية ٢٠٣٠. ونتيجة لعدم جدوى العمل في هذا القطاع يزداد معدل الخروج منه، ليتحول القطاع من قطاع عالي المنافسة إلى قطاع محتكر؛ أي من قطاع ذي منتجات منخفضة الأسعار، لكثرة المتنافسين فيه، إلى قطاع مرتفع الأسعار؛ نتيجة لاحتكاره من قبل مجموعة صغيرة من التجار. فهذا الاحتكار يحول سلع تلك المنتجات من سلع ذات طلب مرن إلى سلع ذات طلب غير مرن؛ أي أن معدل ارتفاع السعر بها أعلى من معدل انخفاض الطلب عليها. بذلك، سيكون من السهل جدا على التاجر أن يرفع أسعار منتجاته في هذا القطاع دون أن يتأثر الطلب عليها، والسبب هو تحولها إلى منتجات غير مرنة الطلب. نتيجة لذلك، فإن رفاهية المواطن المستهلك ستتجه إلى أدنى مستوياتها نحو انخفاض مستمر.

"على المدى البعيد، التوطين لا يصب في صالح إجمالي الناتج المحلي ومعدل البطالة ومستوى دخل الفرد ومعدل رفاهيته"

ومن المنطقي كذلك ملاحظة التأثير الإيجابي المؤقت لقرار التوطين، إلا أنه لا مفر من القول إن تكاليف التأثير السلبي ستكون أعلى على المدى البعيد، فالتوطين جاء في قطاعات عدة تقوم عليها المشاريع التجارية الناشئة. وعلى المدى البعيد، تبعا لكثرة القطاعات التي يشملها هذا القرار، فلا شك في أن

التوطين لن يصب في صالح إجمالي الناتج المحلي ومعدل البطالة ومستوى دخل الفرد ومعدل رفاهية المواطن.

"قال المتحدث الرسمي لوزارة العمل والتنمية الاجتماعية السعودية، خالد أبا الخيل، في مقابلة مع قناة «العربية»، إن توطين ١٢ نشاطا ومهنة، سيتم قصر العمل بها على السعوديين اعتبارا من العام الهجري القادم، ستؤمن مئات الآلاف من الوظائف للسعوديين والسعوديات.

وأشار أبا الخيل إلى أنه سيتم تنفيذ التوطين في محلات السيارات والدراجات النارية، ومحلات الملابس الجاهزة (أطفال ورجالية)، ومحلات الأثاث المنزلي والمكتبي الجاهز، ومحلات الأواني المنزلية بداية من العام الهجري الجديد.

وحول الغرامات التي سيتم فرضها على المخالفين قال أبا الخيل: سيتم فرض غرامة ٢٠ ألف ريال، كما سيتم ترحيل كل أجنبي يعمل في مهن خاصة بالمواطنين.

وأوضح أن تاريخ التوطين في محلات الأجهزة الكهربائية والإلكترونية، والساعات، والنظارات سيكون بحلول الأول من ربيع الأول ١٤٤٠هـ، فيما سيتم في شهر جمادى الأولى توطين محلات الأجهزة والمعدات الطبية، ومواد البناء والإعمار، وقطع غيار السيارات، والسجاد بكافة أنواعه، والحلويات، لتكون جميعها مقصورة على السعوديين والسعوديات.

ولفت أبا الخيل إلى أن القرار يأتي ضمن قرارات توطين سابقة وستتبعها قرارات لاحقة، حيث يوفر القرار فرصا ضخمة تقدر بمئات الآلاف من الوظائف في قطاع يشهد سيطرة كاملة من العمالة الوافدة.

وقال أبا الخيل: حاليا وزارة العمل تستهدف قطاع التجزئة، ونعمل على مسارات أخرى مثل قطاع الصناعة والقطاع الصحي، وهناك أنشطة أخرى تشهد سيطرة للوافدين، وهي تمثل فرص عمل جيدة للسعوديين، وحاليا نعمل مع جهات متعددة ونستهدف كافة القطاعات والأنشطة التي ستمكن من توظيف المواطنين.

وأكد أن الوزارة وضعت ممكنات تساعد الشركات على الالتزام بقرار توطين هذه المهن بالتعاون مع صندوق التنمية والموارد البشرية.

وأشار إلى أن من بين الممكنات بوابة العمل الوطنية التي تستهدف توفير فرص عمل للسعوديين والسعوديات، ويوجد الكثير من سير الشباب الذاتية" – *(خبر: مئات آلاف الوظائف للسعوديين بعد توطين ١٢ مهنة، ٢٠١٨)*

٦-٢: البطاقة الخضراء ورسوم العمالة الوافدة

إنه لمن الصعب جدا جذب رؤوس الأموال الأجنبية إلى سوق مغلق، يتميز به المواطن – تجاريا – عن صاحب رأس المال الوافد. ومن أهم العقبات التي تواجه صاحب رأس المال الأجنبي عند تأسيس مشروع تجاري داخل المملكة هو حاجته لمواطن يشاركه رأس مال هذا المشروع. هذه العقبة تخفض من معدل جاذبية السوق السعودي أمام رؤوس الأموال الأجنبية. وهنا يأتي دور البطاقة الخضراء، بما توفره لحامليها من الوافدين أصحاب رؤوس الأموال الأجنبية من امتياز المساواة مع المواطنين، وبها يمكنهم خفض معدل اعتمادهم على المواطن في مشاركته أو تواجده في المعاملات الرسمية.

إلا أنه نظرا لانخفاض أفق تطلعات المواطن، لما مر به من معاناة في التوظيف في حقبة الريعية، فلم يلق مقترح البطاقة الخضراء أي حفاوة، بل إنه قد واجه معارضة في محافل شعبية عدة. وبنت هذه المعارضة حكمها على حجج تتشابه مع تلك الحجج المؤيدة للتوطين، تتمحور حول هيمنة وسلطة الوافد – صاحب رأس المال الأجنبي – في توظيف الوافدين بدلا من المواطنين. ومما يؤسف له في تلك الآراء هو ربط الحجة وتسخيرها لغرض المصلحة الذاتية، لا لمصلحة الاقتصاد الكلي للدولة. يبدو الأمر أشبه بسعي عشوائي في غابة ينشغل كل من يحيا على أرضها بهم الاستحواذ على أكبر كم من الموارد، مواطنا

كان أم وافدا، بحجج معيارية، متناقضة تارة، ومتلونة حسب ما تسول لها نفوسهم تارة أخرى.

ولكن، هنا يأتي دور التكاملية في حزمة الإصلاحات، فإقرار البطاقة الخضراء جاء بشكل شبه متزامن مع رسوم العمالة الوافدة، الأمر الذي يسهم ويعزز من إصلاح الاقتصاد الكلي بنظريات الاقتصاد الكلي، لا بنظريات الاقتصاد الجزئي، كالتوطين. فإن رفع رسوم العمالة الوافدة يؤدي دورا كبيرا في تقليص الفجوة بين تكلفة كل من العمالة الوافدة وتكلفة المواطن على التاجر، التي بها يتوجه التاجر – عند التوظيف – إلى مراعاة الكفاءة والإنتاجية بدلا عن الاهتمام بانخفاض تكلفة العمالة.

"إن تم إصلاح الاقتصاد الكلي جاء إصلاح الاقتصاد الجزئي كنتيجة حتمية لذلك الإصلاح."

وما كان لقرار رفع رسوم العمالة الوافدة إلا أن يواجه المعارضة ذاتها، متضمنا استياء أصحاب الأعمال بأعذار وحجج واهنة تتصف بالتضارب والتباين، وتخدم المصالح الذاتية فحسب. هذه الحجج تتطرق إلى آثار انخفاض السيولة النقدية – التقشف – مضافا إليها آثار رفع رسوم العمالة الوافدة. ومن يقف خلف هذا الاستياء يعتقد، وفقا لتحليلاته، أن هدف القيادة هو إما استنزاف جيب تلك المشاريع أو إغلاقها، مهملا أي تحليل آخر قد بني على علم ودراية واستدل بمؤشرات وإحصائيات. ولا

شك في أن أفق علم أصحاب الأعمال نادرا ما يتعدى الاقتصاد الجزئي، وبذلك لن يكون باستطاعتهم إدراك الآثار الحقيقية لقرارات مماثلة على الاقتصاد الكلي للدولة. فإن تم إصلاح الاقتصاد الكلي، جاء إصلاح الاقتصاد الجزئي كنتيجة حتمية لذلك الإصلاح.

"إن تميز الوافد بانخفاض تكلفته التي يتحملها التاجر يعد سببا منطقيا لأخذ الزيادة في رسوم العمالة الوافدة في عين الاعتبار"

وإنه لمن السهل جدا تحقيق هامش ربحي كبير في مشروع تجاري في حقبة الاقتصاد الريعي. ولكن، وعلى الرغم من ذلك، يعد هذا الاقتصاد اقتصادا غير صحي. وبناء عليه، فهذا الربح الذي حققه التاجر في مشروعه يخدم مصالحه الذاتية فحسب، وهو في الوقت ذاته يضر اقتصاد الدولة كونه يستنزف أموال ريع موارد الدولة، كالنفط مثلا. الحل يكمن في وضع خطط إصلاحية متعلقة بالاقتصاد الكلي ككتلة واحدة بحزمة قرارات، مشابهة للبطاقة الخضراء التي تجذب رؤوس الأموال الأجنبية، وترفع من معدل المنافسة بين التجار، أضف إليها رفع رسوم العمالة الوافدة التي يتم بها استهداف الكفاءات لا أصحاب الدخل المحدود من الوافدين. ولتتم تلك النقلة النوعية في الاقتصاد، من الريعي إلى المستدام، فلا شك من أنه سيتم التهام أغلب المعوقات الاقتصادية، التي تتضمن ما يندرج تحت نطاق

الاقتصاد الجزئي، كسهولة استنفاد التاجر لموارد الدولة بغرض تحقيق أعلى عائد ربحي. فتلك الموارد تتضمن: الطرق، والكهرباء، والماء، والمحروقات، والأمن والاستقرار، وجميع متطلبات الحياة القادرة على نقل مستوى رفاهية الوافد – بالنسبة لمن هم في بلده – من مستوى متدن إلى مستوى عال في سنوات قليلة ومحدودة. ولهذه النقلة في مستويات الرفاهية تكلفة يتحملها الاقتصاد الكلي للدولة، تتردى، على إثرها، كل من الخدمات المقدمة والإنتاجية، ليؤدي ذلك إلى انخفاض مستمر في مستوى الرفاهية لدى المواطن. فالكفاءة والإنتاجية هما ما يجب أن يتم تمييز المواطن عن الوافد بهما، وذلك وفقا لمنظور التاجر. إن تميز الوافد بانخفاض تكلفته التي يتحملها التاجر يعد سببا منطقيا لأخذ الزيادة في رسوم العمالة الوافدة في عين الاعتبار.

– كلمة على الهامش –

"في الكويت، بات هجوم المواطن على الوافد مؤخرا أمرا واضحا، نشهد فيه تمجيدا شعبيا لأي قرار اقتصادي يقيد من استهلاك الوافد لموارد الدولة، ومعارضة شعبية شرسة لأي قرار آخر يسعى إلى تحسين مستواه المعيشي أو إلى تقليل القيود عليه. وجهات نظر شعبية كانت نتاج إخفاقات على مستوى السلوك التنظيمي والإداري في مؤسسات الدولة، هذه الإخفاقات صنعت العداوة، ورسخت مبدأ «المواطن أحق في خيرات البلد»، وكأن

الخيرات عبارة عن صندوق سيادي توزع ملياراته على العامة، لا أداء اقتصادي وسياسي لدولة كاملة. فالسلوك الإداري والتنظيمي عبارة عن أداة لتحقيق هدف اقتصادي، كرفع إجمالي الناتج المحلي، وعلى تلك الأداة التكيف بشكل مرن لتحقيق هذا الهدف، لا العكس!

لنفترض أن أسرتك الكريمة قامت بتأسيس شركة عائلية، تم تعيينك فيها رئيسا تنفيذيا. قمت بتوظيف العديد من الأشخاص ليقوموا بمهام الإدارة والإشراف، بعضهم من أبناء أسرتك، وبعضهم الآخر من أبناء أسر أخرى، ولا يفاضل بينهم سوى الأداء الوظيفي. تفاوتت كفاءات العاملين في الشركة؛ إذ تجد من هو من أبناء أسرتك ممن تتجاوز كفاءته آخرين من أبناء عمومته أو من أبناء الأسر الأخرى، والعكس صحيح. كانت آلية العمل واضحة في نطاق السلوك التنظيمي والإداري؛ إذ تكون مخصصات الموظف وعلاواته محددة بناء على الأداء الوظيفي فقط. بذلك تجد العديد من أبناء الأسر الأخرى قد نالوا مستحقات تزيد عن مستحقات بعض أبناء أسرتك؛ بسبب تباين الكفاءة بينهم، والعكس صحيح. وبناء على تلك الآليات وغيرها، حققت الشركة الربح المقبول في سنتها الأولى!

يمتلك كل موظف طموحا يسعى إلى تحقيقه «على المستوى التنظيمي والإداري»، كالحصول على أعلى راتب ممكن. فمنهم من يجتهد في تحسين أدائه الوظيفي، ومنهم من

يجتهد في تغيير سياسة اعتمدها النظام بسياسة أخرى تتوافق مع المعطيات التي لديه، مثل زيادة مخصصات الموظف، إن كان من أبناء الأسرة، بذريعة أن «ابن الأسرة أحق في خيرات شركة الأسرة». خضوع الشركة لمثل هذه السياسات يزيد من تكاليفها التشغيلية لا شك، ويقلل من كفاءة إنتاجها، إذ يواجه موظفون «بكفاءة أعلى» من أبناء الأسر الأخرى سياسة محبطة تميّز عنهم موظفين آخرين «بكفاءة أقل» بحجة أنهم من أبناء الأسرة! فقد شكلت زيادة التكاليف وانخفاض كفاءة الإنتاج، مجتمعين، سببا رئيسيا في تقليل أرباح الشركة في السنة الثانية، مسببة إخفاقات «على المستوى الاقتصادي». الانخفاض في الربح، الذي مس جميع المستثمرين من أبناء الأسرة، كان هو تكلفة سياسات مماثلة!

إن إجمالي الناتج المحلي، الذي هو المعيار الاقتصادي الأكثر أهمية، يجب ألا يلتفت إلى قضايا أدوات تستخدم لتحسينه بل يجب على تلك الأدوات التكيف من أجله! التساؤل الذي يتبادر إلى الذهن هو: في ظل القرارات الاقتصادية، هل يجب تفضيل «مواطن بكفاءة أقل» على «وافد بكفاءة أعلى» على حساب «جميع المواطنين»؟ أم أنه يتوجب علينا إصلاح تلك الأدوات تزامنا مع قرارات تهدف إلى تحويل السوق من مغلقة إلى مفتوحة؛ السوق التي لا تمييز فيها بين الوافد والمواطن؛ الذي

به تخلق المنافسة الشرسة الداعمة لاقتصاد مستدام؟" –
(*المواطن ليس أحق من الوافد في خيرات البلد، ٢٠١٧*)

٦-٣: المشاريع العملاقة

تمثلت ضخامة الاستثمار السعودي في تدشين مشروع «نيوم»
ومشروع البحر الأحمر اللذين يتقاطعان في خصائص عدة، وهي
سمة افتقرت إليها المشاريع الأخرى. أهم نقاط التقاطع بدت في
القوانين الخاصة، فلهذين المشروعين قوانين ولوائح داخلية لا
علاقة لها بالقوانين واللوائح الداخلية الخاصة والمعمول بها في
حدود المملكة العربية السعودية. لكل منهما هيئات حكومية
خاصة تدير الشؤون الداخلية، وذلك على الصعيد المدني
والتجاري والجنائي، وعلى أصعدة عدة مختلفة غيرها، بمطارات
خاصة، يمكن لأي شخص من أي دولة في العالم زيارة مناطق
هذين المشروعين، كما لو كان في زيارة لدولة أخرى سياحية لا
علاقة لها بالمملكة العربية السعودية، بإجراءات رسمية مختلفة
وأكثر مرونة وسهولة فيما يتعلق بتأشيرات الزيارة والإقامة. أما
على صعيد الكيانات التجارية، فقوانين هذين المشروعين تتميز
بجاذبيتها العالية التي تستقطب رؤوس الأموال الأجنبية. تشابه
هذه القوانين القوانين الخاصة بالمراكز التجارية العالمية، إذ إن
هدفها الأساسي يتمحور حول الإنتاجية المتأتية من الكفاءة.

ولهذا النوع من المشاريع أهداف كثيرة أهمها رفع العائد على الاستثمار الذي يعد نوعا من أنواع مصادر الدخل، وتقوم هذه المشاريع بزيادة رؤوس الأموال الأجنبية في الداخل. وهذا العائد بدوره يرفع من إجمالي الناتج المحلي ومستوى دخل الفرد، كما يسهم في خفض معدل البطالة داخل حدود المملكة، بما فيها حدود هذين المشروعين.

إن سياسة التخلص من قيود الأعراف والقوانين داخل المملكة، كوضع هذين المشروعين بقوانين خاصة في أراض معزولة، يعد أمرا أساسيا لتحقيق الأهداف المرجوة. فعلى سبيل المثال، إن كان قرار التوطين يشمل التوطين في مشروع «نيوم» أو البحر الأحمر، فمن المنطقي أن ينخفض معدل جاذبية الاستثمار الذي تعيره رؤوس الأموال الأجنبية اهتماما بالغا، الأمر الذي يؤثر تأثيرا مباشرا على معدل العائد على الاستثمار، الذي يصب نفعه في صالح خزينة صندوق الاستثمارات العامة في نهاية السنة. وبناء على ذلك، فإن آلية العمل على تحقيق هذين المشروعين تسعى إلى تحقيق الأهداف الأساسية التي تتضمن الربحية فقط، دون التعثر والخوض في أي من قرارات الإصلاح الداخلي.

– كلمة على الهامش –

"«نيوم» مشروع رأت فكرته النور عام ٢٠١٥ بقرار من السيادة الاقتصادية السعودية، ليكون، في غضون عقد من الزمن، مركزا تجاريا عالميا يقع شمال غربي الجزيرة العربية، ويضم أراضي أردنية وسعودية ومصرية، ويمتاز بكونه مركزا ذكيا يطور ويستغل آخر الدراسات والتطبيقات المرتبطة بالذكاء الصناعي والميكنة التلقائية الحديثة والطاقة المتجددة، ويكون بذلك عاصمة للاستثمار المختص في تسعة قطاعات أساسية ذات أولوية، تم اختيارها بناء على احتياجات المنطقة ودور تلك القطاعات في رفع إجمالي الناتج المحلي للمملكة العربية السعودية.

بكلفة تقدر بنصف تريليون دولار، يتشارك بها صندوق الاستثمارات العامة مع شركات وصناديق استثمارية عالمية، ليتم إنشاء المشروع على مراحل. لا وضوح حتى الآن في آليات تمويل المشروع ومراحله، وفيما إذا كان سيتم إدراج جزء منه في الأسواق العالمية كما هي خطة العمل لأرامكو السعودية في ٢٠١٨. ولكن ما تبين هو أن المملكة العربية السعودية في هذا المشروع المتزامن تأسيسه مع مشاريع كبرى أخرى، مثل مشروع البحر الأحمر والقدية، تسعى إلى تشغيل أكبر قدر ممكن من تدفقاتها النقدية في الاستثمار المدار محليا، ولكن بقوانين عالمية.

يتمحور التساؤل هنا حول مدى جدوى «نيوم» المتزامنة فكرته مع ما نستشعره من تأخر النجاح المتوقع لكل من مركز الملك عبدالله المالي في الرياض ومدينة الملك عبدالله الاقتصادية في جدة ومدينة جازان الاقتصادية، وتعثر إتمامها. فعلى الرغم من الأعذار المترتبة على اختلاف الإدارات لكل مشروع منها، كون الحكومة السعودية هي من تدير مركز الملك عبدالله المالي ومدينة جازان الاقتصادية، وكون القطاع الخاص هو من يدير مدينة الملك عبدالله الاقتصادية، وصندوق الاستثمارات العامة هو المشرف العام لمشروع «نيوم»، فهناك خاصية أكثر تأثيرا في جدوى تلك المشاريع الكبرى، وهي نطاق السياسات العامة. إن جميع المشاريع السابقة – عدا «نيوم» – تخضع لسياسات وقوانين المملكة العربية السعودية، وتختلط بثقافاتها ومجتمعاتها وديانتها وعادات مواطنيها. الأمر الذي يخلق فجوة بين المستثمر الأجنبي وتلك المشاريع؛ فجوة لا شك في أنها تقلل من سرعة تحقيق رؤية تلك المشاريع.

الأمر مختلف مع «نيوم»، فـ «نيوم» منطقة معزولة إداريا وقانونيا وثقافيا واجتماعيا، لا يربطها بالمملكة إلا السيادة. تخضع لقوانين وسياسات داخلية مختلفة؛ سياسات حديثة تخدم المستثمر والموظف والسائح على نحو يخدم رؤية هذا المشروع. والرؤية هنا تكفل تحقيق أعلى عائد من الاستثمار في «نيوم». تلك الرؤية تعتمد بشكل أساسي على هدف تحقيق

الكفاءة الإنتاجية، بمعزل عن اعتبارات العرق أو الديانة أو الطائفة أو المذهب. وكون امتداد «نيوم» على أراض أردنية وسعودية ومصرية لا يعني أحقية الأردني أو السعودي أو المصري في الوظيفة؛ فكفاءة إنتاجية المتقدم للوظيفة ومؤهلاته هما ما يميز متقدما عن آخر، بغض الطرف عن أي عامل آخر، تلك المقومات في السياسات الداخلية، مضافا إليها العديد من المقومات الأخرى التي تصب في صالح هذا الهدف، هي ما تستهدفه رؤوس الأموال في العالم، البيئة الخصبة لتحقيق أعلى عائد على استثماراتها، كما هي رؤية المشروع. فالسيادة الاقتصادية للمملكة تحاول بهذا الأمر تبيان إدراكها بأن نجاح مشروعها قائم على نجاح من يستثمر به، وذلك ما يتضح من تصريحات عدة لولي العهد السعودي، بأنه ليس من مهام «نيوم» توفير وظائف للمواطن السعودي، بل بناء مركز عالمي لجميع الأطياف، وبه تتاح الوظائف للجميع. ولكنه أبان، أيضا، عن إدراكه بأن تحقيق عائد أكبر من «نيوم» سيعود، لا شك، لصندوق الاستثمارات العامة وشركائه الذي يعين، بدوره، الحكومة السعودية على بدء مشاريع داخلية جديدة تخلق شواغر جديدة للمواطن السعودي، كونها قطاعات داخلية تخضع لقوانين السعودة.

إن لموقع «نيوم» وامتداده على أجزاء من الأراضي الأردنية والسعودية والمصرية دلالة واضحة على محاولة استخدام جميع

الموارد المتاحة في هذه المنطقة لإنجاح المشروع؛ طبيعية كانت، أو تجارية، أو سياسية، فهي منطقة نزاع سياسي غير مستقر، وقريبة من قناة السويس. بذلك، تكون منطقة «جائعة» ومستعدة للتعاون مع أي نشاط توسعي يحسن من أدائها الاقتصادي. هنا، كنموذج مشابه، نستذكر سنغافورة عندما همشت من قبل ماليزيا، إذ سعت سنغافورة حينها للاستقرار التجاري باستخدام الموارد المتاحة تجاريا وسياسيا من أجل تحقيق استقرار سياسي. بهذا النموذج، لا شك في أن «نيوم» قد تصبح يوما «سنغافورة» البحر الأحمر!" – *(نيوم: سنغافورة البحر الأحمر، ٢٠١٧)*

٦-٤: توطين الصناعات

صرح صاحب السمو الملكي الأمير محمد بن سلمان بن عبدالعزيز آل سعود، ولي العهد نائب رئيس مجلس الوزراء، رئيس مجلس الشؤون الاقتصادية والتنمية، في مقابلته مع الإعلامي داوود الشريان على قناة العربية في الثاني من مايو ٢٠١٧ بأن أكبر ٣ قنوات تخرج بها أموال المملكة إلى الخارج هي: أولا: المصروفات على القطاع العسكري، وثانيا: المصروفات على وسائل النقل كالسيارات وغيرها، وثالثا: مصروفات العاملين في المملكة على السياحة في الخارج.

والجدير بالذكر أن توطين صناعات القطاع العسكري ووسائل النقل أمر قد تم البدء به. ففي القطاع العسكري ابتدأ الأمر في التجميع المحلي لقطع مستوردة، وبذلك تنخفض كلفة الواردات بشكل كبير، فبدلا من أن يتم استيراد منتج عسكري من دولة أجنبية بسعر مرتفع، يتم عوضا عن ذلك استيراد القطع بسعر أقل تكلفة وتجميعها محليا، الأمر الذي من شأنه أن يسهم في رفع معدل الشواغر الوظيفية، ويخفض من إجمالي الواردات، وبالتالي يرفع من إجمالي الناتج المحلي.

"بدافع التحفيز، الاستهلاك الحكومي هو حقل تجارب للصناعات الوطنية عالية المنافسة عالميا"

أما قطاع السيارات والنقل فقد تم تركيز العمل فيه على المنشآت التي تقوم بدورها في تصنيع وسائل النقل كالسيارات والشاحنات. ولكن، نظرا لارتفاع المنافسة في هذا القطاع بشكل كبير، خاصة مع السيارات المستوردة من اليابان وأوروبا والولايات المتحدة، فإن الاستهلاك الحكومي هو ما تستهدفه هذه المنشآت فحسب، فتقوم الحكومة بالاستغناء عن استيراد وسائل النقل من الخارج، والحصول عليها من تلك المنشآت المصنعة لها محليا. بذلك، يكون الاستهلاك الحكومي بمثابة حقل التجارب لتلك الصناعات إلى أن تتحقق منافسة ظاهرة بين المنتج المحلي والعالمي في هذا القطاع، منافسة يلتفت لها المواطن والمقيم متوجها لها شيئا فشيئا، مما يساعد على

تحقيق ذات الأهداف التي يحققها توطين الصناعات في القطاع العسكري.

٦-٥: سياسة صندوق الاستثمارات العامة

تنوعت آراء العامة، وبدا فيها شيء من التضارب والالتباس، فيما يتعلق بالدور الأساسي الذي يقوم به صندوق الاستثمارات العامة. فهناك من اعتقد بأن دعم المشاريع الوطنية من خلال التحفيز بالمخصصات أو الاستثمار هو من مسؤوليات الصندوق. الأمر الذي أثار حفيظة العامة وأسفهم، لتوجه هذا الصندوق للاستثمار في مشاريع تقنية وصناعية عالمية، في الوقت الذي يتوافر فيه منافسون محليون من نفس فئة تلك المشاريع.

"هدف صندوق الاستثمارات العامة هو تحقيق الربحية فقط. أما تحفيز القطاعات الداخلية فهو هدف الحكومة التي تمولها أرباح الصندوق كإيرادات غير نفطية."

ولم يدرك أصحاب تلك الآراء أن الهدف الأساسي لهذا الصندوق هو الربحية. ولتحقيق هذا الهدف تكون آلية العمل فيه معتبرة لعاملين؛ الربحية والمخاطرة فقط، فليس من شأن الصندوق تحفيز قطاعات محلية، أو مساندة قرارات اجتماعية أو سياسية محلية. بناء عليه، يقوم هذا الصندوق بوضع قائمة بالمشاريع القابلة للاستثمار، وترتيبها حسب حجمها التجاري،

وحسب معدل ربحيتها ومدى مساندتها لربحية مشاريع ذات صلة بالصندوق، وحساب معدل المخاطرة النسبية في الاستثمار بها، إضافة إلى قياس دورها وفاعليتها في جذب العوائد الأجنبية إلى الداخل.

وقد يكون من الحكمة أن يقوم صندوق الاستثمارات العامة بالاستثمار في شركة أجنبية تنافس شركة وطنية في السوق المحلي. التنافس هنا يعني تقارب الحصص السوقية لهاتين الشركتين، فمن الوارد أن تكون الشركة الأجنبية أكبر حجما من الشركة الوطنية، مما يدل على أنها قد دخلت أسواقا عالمية أخرى. ونتيجة لذلك، فإن عوائد الصندوق على الاستثمار في هذه الشركة الأجنبية يحتمل أن يكون أعلى من عوائده على الاستثمار في الشركة الوطنية. أضف إلى ذلك أنه يعد من صالح الاقتصاد الكلي أن تكون عوائد الاستثمار أجنبية بدلا من محلية. ومن الحكمة كذلك الاستثمار في الشركة الأجنبية حتى إن كان حجم الشركة الوطنية مضاهيا لها وتنافسها في جميع أسواقها؛ فعوائد الشركة الوطنية تصب في السوق المحلي لا محالة، أما الأجنبية فعوائدها تهاجر إلى الخارج. وجلب جزء من هذه العوائد يعد من صالح الاقتصاد الكلي للدولة. أما إذا كانت تلك الشركة الوطنية تحقق ربحا يفوق ربح الشركة الأجنبية المنافسة، فإنه من الحكمة اعتماد قرار استثمار الصندوق بها، والسبب عائد إلى أن هدفه الأول هو الربحية.

وما إن يحقق صندوق الاستثمارات العامة أعلى ربح ممكن، فإنه سيقوم بدوره في المساهمة في تمويل ميزانية الدولة، التي تتكفل في سد احتياجات وزارات الدولة ممكنة إياها من تطبيق أمثل آليات العمل التي تستهدف تحفيز القطاعات والأعمال المساهمة في إصلاح الاقتصاد الكلي، كتمويل المشاريع الوطنية الناشئة، وتوفير ورش العمل والدورات التدريبية، وغيره.

* * *

نظرا لآلية العمل الحازمة لرؤية المملكة ٢٠٣٠ ونتيجة عنها فقد انخفض معدل تدفق رؤوس الأموال من الخارج إلى الداخل، وأغلقت كثير من الشركات والمشاريع التجارية الناشئة، وارتفع معدل البطالة، وانخفض إجمالي الناتج المحلي ومستوى دخل الفرد ورفاهيته، وارتفع الدين العام. فإن كانت الرؤية تسعى لتحقيق عكس ما يحدث الآن في الـ ١٢ سنة القادمة، فلا عجب أن يتساءل المرء كيف لنتائجها الحالية أن تكون هكذا الآن؟ ولكن، إنها الديناميكية الاقتصادية التي يصعب إدراكها.

ويمكن لنا أن نطرح مثالا يسهّل فهم طبيعة هذه الديناميكية في قصة «عليان»، الشاب المتواضع الذي امتلك متجرا إلكترونيا للبيع بالتجزئة، وقد تكبد خسائر فادحة نتيجة دخول منافس له كان قد التهم حصته السوقية الكبيرة الناتجة عن احتكاره للشريحة المستهدفة. وما كان لتلك الخسائر إلا أن تسبب تراجعا حادا في مستوى الرفاهية التي لطالما اعتاد عليها، فقد انخفضت المبيعات بشكل مريب؛ إذ لم يعد باستطاعتها معادلة التكاليف وتغطيتها. ولم يكن أمام عليان خيار إلا أن يتخذ قرارا حازما في إصلاح هذا الخلل. وكانت الخيارات من أمامه تضيق عليه الحال أكثر، فإما أن يغلق هذا المشروع، أو يستدين لسد تلك الخسائر، أو يستدين أكثر ليقوم بتحسين أداء هذا المشروع.

فلو أنه قام بإغلاق المشروع فلا شك من أنه سيضمن بذلك تفادي الخسائر المستقبلية، ولكنه سيخسر – في الوقت ذاته – مصدر الدخل هذا، والذي يسعى من ورائه إلى إعالة نفسه وأسرته مستقبلا. أما إن قام بالاستدانة لسد تلك الخسائر فإن ذلك سيؤدي إلى تدني مستواه المعيشي نتيجة لدفع قسط المبلغ الذي تم اقتراضه، والذي سينفد مستقبلا تزامنا مع استمرار الخسائر المستقبلية. أما الحل الأخير المتمثل في شروعه لاستدانة مبلغ أكبر، فإن هذا الخيار سيقوده حتما لتأثير أكثر ضررا على مستواه المعيشي، ولكنه سيمكنه من إعادة الاستثمار في مشروعه وتحسين أدائه الذي سيرفع من الإيرادات المستقبلية إلى حد يفوق التكاليف حتى يغطيها، محققا ربحية مستمرة يمكنها أن تعيد حياته إلى ما كانت عليه.

رؤية هذا الشاب تجسدت في أمرين؛ أولهما: ضمان العيش في مستوى رفاهية عال، وثانيهما: تحقيق دخل فردي مرتفع. ولكن آلية التطبيق التي ستحقق له هذين الهدفين ألقت بظلالها السلبية الحادة؛ فمستوى رفاهيته الحالي انخفض على نحو ملحوظ نتيجة لارتفاع تكاليف معيشته التي تضمنت قسط القرض المرتفع. وعزاء عليان الوحيد في هذا الوقت العصيب هو أن كل ما يمر به يعد أمرا مؤقتا في مرحلة انتقالية كفيلة بأن تمكنه من سداد آخر دفعة متبقية من هذا القرض، ولعلها سوف تكون في ذلك الحين مستمدة من ربح مشروعه الذي حقق

نجاحه، لا من جيبه الخاص البسيط، ويمكن القول إنه حينها فقط تكون رؤيته قد تحققت.

فالآثار السلبية التي سيواجهها عليان تعد التكلفة الواجب تحملها مقابل تحقيق رؤيته الطموحة؛ إذ إن لكل شيء ثمنه، وتصحيح مسار مشروعه ليس بشيء مجاني، وعليه وجب تحمل هذه التكلفة. تكلفة لن تدوم طويلا، بل هي مؤقتة داخل نطاق مرحلته الانتقالية التي يسعى فيها لإنجاز التغيير في تنفيذ آلية تطبيق رؤيته.

والشيء بالشيء يذكر، فمنطق تحقيق رؤية ٢٠٣٠ لا يختلف عن منطق رؤية هذا الشاب، إذا ما نظرنا إلى أن الآثار السلبية التي نشهدها والصعاب التي نمر بها في الفترة الانتقالية ما هي إلا التكلفة التي بها تتحقق الرؤية، تكلفة مؤقتة سيتم سداد آخر قسط بها لدى بلوغنا المرحلة التي تنقلب فيها المؤشرات رأسا على عقب انقلابا ناتجا عن وفرة مالية صنعتها إنتاجية مستدامة قادرة على تحقيق الاستمرار في تمويل نفسها عند مواجهة العقبات.

وإن ما يمكن التأكد منه دون أدنى شك هو أن آلية عمل رؤية ٢٠٣٠ تسير باتجاه أهدافها التي يصنع مجملها الرؤية المرجوة. وقطعا، لا يمكننا الجزم بكمال الآلية، فقد شهدنا سلفا بعض

مثالب خطواتها. ولكن، ألا يعد تحقيق نصف تلك الأهداف أمرا مجديا أيضا؟

ختاما، النقد وارد لا محالة، ولا يشكو فرد من معايشة حقبة الاستدامة إلا وقد كانت حقبة الريعية عصره الذهبي الذي حقق له مكاسب على غير وجه حق. وبين هذا وذاك، تسمو مملكة الرؤية بين مصارع هاتين الحقبتين.

انتهى ...

* * *

– إدراج أرامكو وقانون جاستا. **عبدالله سالم عبدالله السلوم**. ٢٠١٧.
الرياض، المملكة العربية السعودية : ألفا بيتا أرقام، ١٠ سبتمبر, ٢٠١٧.

– استدامة الهريس والدارسين الاكتواري. **عبدالله سالم عبدالله
السلوم. ٢٠١٧**. دولة الكويت : صحيفة القبس، ١٤ يونيو, ٢٠١٧.

– الأنظمة المالية والفلسفة الاقتصادية. **عبدالله سالم عبدالله
السلوم. ٢٠١٧**. دولة الكويت : صحيفة القبس، ٥ أبريل, ٢٠١٧.

– اللائحة التنفيذية لنظام رسوم الأراضي البيضاء. **وزارة الإسكان.
٢٠١٦**. الرياض، المملكة العربية السعودية : وزارة الإسكان، ١٤ يونيو,
٢٠١٦.

– المواطن ليس أحق من الوافد في خيرات البلد. **عبدالله سالم
عبدالله السلوم. ٢٠١٧**. دولة الكويت : صحيفة القبس، ١٩ أبريل,
٢٠١٧.

– انعدام الريعية لا يعني الاستدامة. **عبدالله سالم عبدالله السلوم.
٢٠١٧**. الرياض، المملكة العربية السعودية : ألفا بيتا أرقام، ١٠ أكتوبر,
٢٠١٧.

– أوامر ملكية. **صحيفة الرياض. ٢٠١٦**. الرياض، المملكة العربية
السعودية : صحيفة الرياض، ٢٦ سبتمبر, ٢٠١٦.

– تقييم أرامكو السعودية. **عبدالله سالم عبدالله السلوم. ٢٠١٧**.
دولة الكويت : صحيفة القبس وإيلاف، ١٣ مارس, ٢٠١٧.

– خبر: مئات آلاف الوظائف للسعوديين بعد توطين ١٢ مهنة. **العربية نت. ٢٠١٨.** دبي، الأمارات العربية المتحدة : العربية نت، ٢٩ يناير, ٢٠١٨.

– دعم ريادة الأعمال ما زال ريعيا. **عبدالله سالم عبدالله السلوم. ٢٠١٨.** الرياض، المملكة العربية السعودية : ألفا بيتا أرقام, ٤ فبراير, ٢٠١٨.

– رؤيتنا ورؤيتهم. **عبدالله سالم عبدالله السلوم. ٢٠١٧.** دولة الكويت : صحيفة القبس، ٢٢ فبراير ٢٠١٧.

– ضريبة الدخل وعدالتها. **عبدالله سالم السلوم. ٢٠١٨.** دولة الكويت : الموقع الشخصي لعبدالله السلوم، ٢٨ فبراير, ٢٠١٨.

– ضريبة العقار كنز يجب اعتباره. **عبدالله سالم عبدالله السلوم. ٢٠١٢.** دولة الكويت : الموقع الشخصي لعبدالله السلوم، ١٦ فبراير, ٢٠١٢.

– لقاء صاحب السمو الملكي الأمير محمد بن سلمان مع الإعلامي داوود الشريان. **قناة العربية. ٢٠١٧.** الرياض، المملكة العربية السعودية : قناة العربية، ٢ مايو، ٢٠١٧.

– لقاء صاحب السمو الملكي الأمير محمد بن سلمان مع بلومبيرغ. **بلومبيرغ. ٢٠١٦.** الرياض، المملكة العربية السعودية : بلومبيرغ، ٤ أبريل, ٢٠١٦.

– مكافحة الفساد في معادلة إدراج أرامكو السعودية. **عبدالله سالم عبدالله السلوم. ٢٠١٧.** قبرص : أخبار ألفكسو، ١١ نوفمبر ٢٠١٧.

المصادر

– مؤتمر صحفي ومقابلة تلفزيونية لصاحب السمو الملكي الأمير محمد بن سلمان. **الجزيرة نت.** **٢٠١٧.** الرياض، المملكة العربية السعودية : الجزيرة نت، ٢٥ أبريل, ٢٠١٧.

– *ميزانية المملكة ٢٠١٧ – ٢٠١٨.* **عبدالله سالم عبدالله السلوم.** **٢٠١٧.** الرياض، المملكة العربية السعودية : ألفا بيتا أرقام، ٢٧ ديسمبر,٢٠١٧.

– *نيوم: سنغافورة البحر الأحمر.* **عبدالله سالم عبدالله السلوم.** **٢٠١٧.** قبرص : أخبار ألفكسو، ٢٩ أكتوبر,٢٠١٧.

– *وثيقة رؤية ٢٠٣٠.* **مجلس الشؤون الاقتصادية والتنمية.** **٢٠١٧.** الرياض، المملكة العربية السعودية : مجلس الشؤون الاقتصادية والتنمية، ٢٥ أبريل, ٢٠١٧.

* * *

* * *

شاركنا برأيك على:

#مملكة_الرؤية

للحصول على نسخة من هذا الكتاب:

[GO] abdullah.com.kw/books